Hans Kruppa

Das Tor zum Glück

Hans Kruppa

Das Tor zum Glück

Inspirationen zur Lebenskunst

Knaur

Herausgegeben von
Hans Christian Meiser.

Informationen über den Autor im Internet:
www.hans-kruppa.de
Besuchen Sie uns im Internet:
www.droemer-knaur.de

Ein Unternehmen der Droemerschen Verlagsanstalt
Th. Knaur Nachf. GmbH & Co. KG, München

Umschlaggestaltung: ZERO Werbeagentur, München
Umschlagabbildung: FinePic, München
Satz: Ventura Publisher im Verlag
Druck und Bindung: Ebner & Spiegel, Ulm
Printed in Germany 2006
ISBN-13: 978-3-426-66218-2
ISBN-10: 3-426-66218-3

2 4 5 3 1

Inhalt

Vorwort

Lebenskunst ist die Fähigkeit, das Leben zu meistern, mit allen seinen Situationen und Stationen fertig zu werden und stets das Bestmögliche daraus zu machen – letztlich die Kunst, so gut wie möglich zu leben. Dieser Definition wird kaum jemand widersprechen, aber auf die Frage, was ein gutes Leben ist, wird es an unterschiedlichen Antworten nicht mangeln.

Für mich ist das wohl wichtigste Merkmal eines guten Lebens, daß es mit meiner Natur übereinstimmt. Dazu muß ich mein Wesen erkannt und begriffen, muß genügend Wissen über mich gesammelt haben, um den für mich besten Weg zu finden und zu gehen.

Lebenskunst ist ein beständiger Lernprozeß, eine täglich neu zu beginnende Reise, und nur in der Bewegung bleibt sie lebendig. Sie erstarrt, wenn ich meine, ich könne es mir auf dem Liegestuhl des Erreichten bequem machen. Ich muß mich unentwegt auf die Veränderungen einstellen, die ein neuer Tag, eine neue Situation, eine neue Herausforderung mit sich bringen.

Auch wenn jeder unter dem Begriff Lebenskunst etwas anderes verstehen mag, gibt es doch gewisse Erkenntnisse zu diesem Thema, die von vielen als zutreffend empfunden werden, weil sie etwas Überpersönliches ausstrahlen – etwas unmittelbar Einleuchtendes, das die

Grenzen der Individualität überschreitet und dadurch Allgemeingültigkeit erreicht.

Ich hoffe, daß mein Verständnis von Lebenskunst, wie ich es in diesem Buch darlege, dem Leser Inspiration schenkt und ihm bei der Entfaltung seiner eigenen Lebenskunst hilfreich ist.

Hans Kruppa

Die Kostbarkeit des Lebens

Die Kostbarkeit des Lebens

Das Leben ist kein allzu langer Weg.
Wieviel wertvolle Zeit und Kraft
gingen mir schon verloren
durch hohle Gespräche,
überflüssige Wissensaufnahme,
sinnlose Auseinandersetzungen
und vergebliche Bemühungen!
Aber immer kann ich mir
der Kostbarkeit meiner verbleibenden Lebenszeit
bewußt werden –
und sie sinnvoller und wesentlicher
als bislang gestalten.

Je mehr Raum ich
dem wirklich Lebenswerten in mir gebe,
desto weniger Macht haben die Kräfte,
die mich verführen,
meine Zeit zu vergeuden.

Die Nahrung der Sehnsucht

Ich will mein Leben wesentlicher machen:
will die Zeit reduzieren,
die ich leeren Gewohnheiten
oder sinnlosen Ablenkungen widme,
und unbefriedigende Aktivitäten
soweit wie möglich einschränken.
Ich möchte öfter zur Ruhe kommen.
Wie soll ich zu mir finden und bei mir bleiben,
wenn ich von einer Beschäftigung zur nächsten eile?
Die Tage mit Siebenmeilenstiefeln zu durchmessen,
kann nicht der Sinn meines Lebens sein.
Ich will versuchen,
jeden Tag zu etwas Besonderem zu machen
und ihn mit Phantasie und Freude zu gestalten.
Ich möchte den Reichtum
eines jeden schönen Augenblicks erkennen
und ihn tief in mich aufnehmen.

Dies ist die Nahrung,
die den Hunger der Sehnsucht stillt:
der ganz erkannte,
ganz gelebte und geliebte Augenblick,
der das Herz erfüllt,
den Körper liebkost und die Seele beglückt.

Zeit ist Freiheit

Wir leben in einer Welt,
die sich an materiellen Werten orientiert
und nicht käufliche Lebensschätze geringachtet,
die nur *der* Mensch entdeckt und zu schätzen weiß,
der mit den Augen des Herzens sieht
und die Stimme der Seele hört.

Viele richten sich nach den Moden
und verlieren sich in ihnen.
Doch der Zeitgeist hat einen fragwürdigen Geist
und fraglos zu wenig Zeit.

Ich verzichte auf die Teilnahme
an dem hektischen Rennen
um die vermeintlich besten Plätze –
und nehme mir Zeit,
damit ich sie mir und anderen geben kann.

Denn Zeit ist Freiheit –
und Freiheit ist der Aufwind der Lebenskunst.

Das Leben muß sich ändern

Nichts ist so gewiß wie die Ungewißheit,
nichts so unvergänglich wie die Vergänglichkeit.
Darum genieße ich den kostbaren Augenblick,
die schönen Stunden und Tage,
denn sie werden vergehen.
Ich will nicht traurig darüber sein,
sondern dieses unumstößliche Gesetz des Lebens
mit größtmöglicher Gelassenheit akzeptieren.
Ich will lernen, das Wunderbare zu umarmen,
ohne mich daran zu klammern.

Das Leben ist in ständiger Bewegung,
immer im Umbruch begriffen.
Es ändert sich von Sekunde zu Sekunde
und muß sich ändern,
um lebendig zu bleiben.

Und ich muß mich mit ihm ändern,
ohne mir untreu zu werden.

Wunderbare Augenblicke

Es gibt wunderbare Augenblicke
der inneren und äußeren Stille,
in denen ich fern von allem Getriebe und Lärm
zu mir komme,
mich besinne und meinen Sinn,
meinen Weg,
meinen Platz im Leben finde oder wiederfinde.
Ich brauche solche Momente,
um mich nicht zu weit
von der Quelle meines Wesens zu entfernen.
Augenblicke,
in denen mein Denken stillsteht
und reines Empfinden mich erfüllt.
Nur im Schweigen der Gedanken
kann ich die Gegenwart
in ihrem ganzen Reichtum erleben.

Wenn ich mit Leib und Seele
in einem wunderbaren Augenblick aufgehe,
sind meine Gedanken sprachlos,
weil die Schönheit meines Erlebens
ihnen die Sprache verschlägt.

Erlebnisschätze entdecken

Wer durch die Stunden seines Tages eilt,
den Blick starr auf ein bestimmtes Ziel gerichtet,
das es zu erreichen gilt,
dem entgeht so manches am Wegesrand,
das Aufmerksamkeit verdient hätte.
Der allzu Eilige verpaßt die Gelegenheiten,
besondere Geschenke zu entdecken
und in Empfang zu nehmen,
die jeder Tag bereithält,
er versäumt Augenblicke der Freude und Heiterkeit,
die der Seele wertvolle Nahrung geben.

Wer innerlich langsam geht
und von Zeit zu Zeit innehält,
um den gegenwärtigen Augenblick
in seiner ganzen Fülle wahrzunehmen,
läuft nicht Gefahr,
die Erlebnisschätze zu übersehen,
die dem zielgerichteten Blick entgehen.

Das Geschehene akzeptieren

Ich nehme mir vor,
nicht mehr in die Falle der Erwartungshaltung
gegenüber Entwicklungen zu tappen,
die ich nicht steuern oder einschätzen kann.

Ich will mich freuen,
wenn die Sonne des Gelingens strahlt,
aber nicht den Kopf hängen lassen,
wenn der Regen des Scheiterns auf mich herabfällt.
Ich werde versuchen,
die Dinge so zu akzeptieren,
wie sie kommen,
mich dem Fluß des Geschehens anpassen
und mich bemühen,
jedem Ereignis das Bestmögliche abzugewinnen.

So kann es mir gelingen,
Enttäuschungen und Traurigkeit,
die mir wertvolle Kraft und Lebensfreude rauben,
zu vermeiden oder zumindest zu verringern.

Das Gute schätzen

Wenn mir etwas in meinem Leben
nicht oder nicht mehr gefällt,
versuche ich zu ändern,
was sich ändern läßt –
und finde mich mit dem ab,
was ich beim besten Willen nicht ändern kann.

Ich will nicht darüber klagen,
was das Leben mir vorenthalten hat,
sondern dankbar für das sein,
was es mir geschenkt hat;
will mir nicht das Gute verderben,
das ich habe,
indem ich nach dem vermeintlich Besseren schiele,
das mir fehlt.

Denn die Unzufriedenheit
hat einen fatalen Magnetismus:
Sie zieht noch mehr Unzufriedenheit an.

Keine Zeit verlieren

Ich will nicht müde werden,
meine wahren Bedürfnisse zu erkennen
und mich von denen zu befreien,
die ich mir nur einbilde.
Ich möchte herausfinden,
was ich wirklich will und brauche –
und mein Leben danach ausrichten.
Immer aufs neue will ich mich selbst erforschen,
möglichst konsequent
nach meinen Erkenntnissen leben
und Gewohnheiten aufgeben,
die mich schädigen;
will mich von Menschen distanzieren oder lösen,
die mir meine Zuneigung
und mein Verständnis nehmen,
ohne mir letztlich mehr zu geben
als leere Versprechen und trügerische Hoffnungen.

Ich öffne die Augen der Seele –
und sehe,
daß ich keine Zeit zu verlieren habe,
wenn ich nicht vom Weg
der Lebenskunst abkommen will.

Den Kontakt zur Seele halten

Manche Tage verlangen mir so viel ab,
daß ich vor dem Einschlafen das Gefühl habe,
seit dem Aufstehen nicht bei mir gewesen zu sein –
Tage voller notwendiger Arbeiten,
doch ohne innere Anteilnahme.
Schwierige Tage,
an denen meine Seele sich traurig von mir abwendet,
weil ich mich von ihr abwenden mußte,
um unvermeidliche Dinge zu erledigen.

Wahrscheinlich wird es mir nie gelingen,
mein Leben frei von solchen Tagen zu halten,
aber ich will versuchen,
ihre Zahl soweit wie möglich zu reduzieren –
und mich in der Kunst üben,
den Kontakt zu meiner Seele nicht zu verlieren,
wenn »Sachzwänge« mir Zeit und Kraft entziehen
und mich von mir selbst zu entfremden versuchen.

Der Wert der Selbstkenntnis

Wie ergründe ich mein wahres Wesen?
Wie lerne ich mich selbst kennen?
Und wie verwirkliche ich meine Erkenntnisse
in meinem täglichen Leben?

Solche Fragen stellt sich wohl jeder,
der sich auf den Weg der Lebenskunst begeben hat.
Die Antworten darauf werden niemandem geschenkt,
sie wollen gefunden werden,
und nur dem beharrlich und sehnsüchtig Suchenden
werden sie sich erschließen.

Das wahre Wesen des Menschen gleicht einem Schatz,
der im Garten seiner Seele vergraben liegt.
Nicht wenige verlieren irgendwann die Hoffnung,
ihn zu finden –
und beenden vorzeitig ihre Suche,
um sich mit einem Leben zu begnügen,
das nicht wirklich das ihre ist.

Ich will die Zuversicht nicht aufgeben,
mich selbst immer aufs neue
zu entdecken und zu verwirklichen,
denn Selbstkenntnis ist
die Voraussetzung aller Lebenskunst.

Nach vorne blicken

Die berühmte Frage,
ob das Glas noch halb voll
oder schon halb leer sei,
beantworte ich mit:
»Sowohl als auch.«

Ich konzentriere mich lieber
auf den mir bevorstehenden Genuß
als auf den bereits hinter mir liegenden.
Die Traurigkeit darüber,
etwas Gutes schon zur Hälfte ausgelebt zu haben,
würde mich nur dabei behindern,
die zweite Hälfte des Erlebnisses
mit offenen Sinnen und ganzer Seele zu genießen.

Wie unklug wäre ich,
wenn ich den Nachmittag
nicht genießen würde,
weil meine Wehmut darüber,
daß der Vormittag bereits vergangen ist,
mich wie ein lähmender Schatten
auf Schritt und Tritt begleitet
und meine Erlebnisfähigkeit einschränkt.

Die Lebensliebe bewahren

Ich möchte jeden Tag aufs neue
Dankbarkeit dafür empfinden,
daß ich lebe –
und glücklich darüber sein,
daß mir die Fähigkeit gegeben wurde,
Gutes zu erleben und es mit anderen zu teilen.
Ich möchte dem Leben täglich zeigen,
daß ich es liebe.
Meine Lebensliebe kann ich mir nur erhalten,
wenn ich die Vergänglichkeit,
den Tod und die nicht endenden Greuel
in dieser Welt
als dazugehörigen Teil des Ganzen annehme.

Dies ist eine
der schwierigsten Aufgaben der Lebenskunst.

Wer sie gemeistert hat,
ist ein Licht im Dunkel der Traurigkeit,
des Zweifels und der Gleichgültigkeit.

Die Einmaligkeit einer jeden Chance

Ich nutze die Gunst des Augenblicks,
denn ich weiß, daß eine Gelegenheit,
etwas Wertvolles oder Wunderbares zu erleben,
in dieser Weise nicht mehr wiederkehrt.
Ich schlage keine
vielversprechende Einladung des Lebens aus
und gehe ohne Zögern
durch jede verheißungsvolle Tür,
die sich mir öffnet, weil sie sich
ebenso schnell und unverhofft schließen kann,
wie sie sich aufgetan hat.
Ich zaudere und überlege nicht lange,
lähme mich nicht,
indem ich mir mögliche negative Konsequenzen
meines Handelns ausmale,
sondern folge beherzt dem Ruf ins Ungewisse,
ins Unbekannte,
denn ich glaube an das Leben und an mich selbst.
Ich vertraue meiner Intuition,
auch wenn mein Verstand
mich daran zu hindern versucht.

Ich kenne die neunmalkluge Vorsicht des Verstandes,
die in mancher Hinsicht durchaus nützlich sein kann,
aber auf dem Weg in die Geheimnisse der Existenz
oft ein Hindernis ist, das es zu überwinden gilt.

Jeder Tag kann etwas Gutes bereithalten

Lebenskunst heißt: den Reichtum,
die Poesie und die Schönheit
besonderer Augenblicke
zu erkennen und auszukosten –
und nicht wie blind
an guten Gelegenheiten vorbeizugehen,
die Wertvolles und Erfüllendes versprechen.

Ich will mir immer bewußt sein,
daß jeder Tag,
auch ein scheinbar mißlingender,
etwas Gutes für mich bereithalten kann,
das ich in mich aufnehmen
und zu einem Teil
meiner Lebensgeschichte machen kann.

Lebenskunst heißt aber auch,
der manchmal entmutigenden Wirklichkeit
ohne Beschönigungsversuche ins Auge zu sehen,
ohne die Zuversicht aufzugeben,
daß Mögliches eines Tages wirklich wird.

Täglich das Leben fühlen

Manche Tage eilen an mir vorüber,
als würden sie mich nicht kennen.
Ich habe gearbeitet,
habe etwas geschaffen, Notwendiges erledigt.
Aber habe ich eigentlich gelebt?
Habe ich eine Stunde
oder wenigstens einige Minuten lang
das Leben in mir fließen gefühlt –
so sehr gefühlt,
daß ich alles um mich herum vergessen konnte?

Ich sollte keinen Tag verstreichen lassen,
ohne mir wenigstens einmal
Zeit für mich selbst zu nehmen.
Zeit zum Entspannen, Ausruhen
und Genießen des Augenblicks.
Zeit, um Ruhe und Stille
in mich einströmen zu lassen
und in mich hineinzulauschen.

Wie immer man es auch nennen mag:
Entspannung oder Erholung,
Müßiggang oder Meditation –
ich will es mir wenigstens einmal am Tag gönnen.

Lebenskunst will geübt sein

Wie jede Kunst
erfordert die Lebenskunst zunächst einmal Begabung.
Aber selbst ein hochbegabter Lebenskünstler,
der sein Talent nicht entfaltet,
sondern brachliegen läßt,
kann von einem weniger Begabten,
der stetig und unbeirrbar
an seinem Potential arbeitet, übertroffen werden.
Das größte Talent
kann seine Flügel nicht ausbreiten,
wenn es sich durch mangelnden Mut,
fehlendes Selbstvertrauen, durch zu große Trägheit,
Willensschwäche und Unselbständigkeit
selbst daran hindert.

Lebenskunst will geübt sein,
muß an der Überwindung von Hindernissen wachsen,
an der Bewältigung von Problemen erstarken,
an der Erkenntnis ihrer eigenen Möglichkeiten
und deren tagtäglicher Umsetzung reifen –
und so zu der ihr möglichen Größe finden.

Ich bin mir bewußt,
daß ich nie auslernen werde –
und daß meine Erkenntnisse von gestern
vielleicht schon morgen nicht mehr gültig sind.

Vom Umgang mit der Langeweile

Langeweile entsteht dann,
wenn ich weder genug Kraft oder Schwung
für eine sinnvolle Aktivität habe
noch genügend innere Ruhe,
um das Nichtstun genießen zu können.
Sie entsteht,
wenn ich weder in aktiver noch in passiver Hinsicht
etwas Gutes mit mir anfangen kann –
ist also keine Folge äußerer Bedingungen,
sondern meines inneren Zustandes.

Und den kann ich verändern.
Etwa indem ich genügend Energie mobilisiere,
um mich zu beschäftigen,
oder indem ich für mehr Ruhe in mir sorge,
um den Müßiggang nicht als langweilig zu empfinden.

Es liegt an mir,
einen unbefriedigenden Zustand zu verbessern.
Ich muß mich nur dazu entscheiden.

Ein Quell des Friedens

Momente der Stille sind etwas Kostbares
in dieser lauten, rastlosen Welt.
Sie sind ein Quell des Friedens,
aus dem ich Ruhe und Gelassenheit trinken kann.
Sie sind ein Ort,
an den ich mich zurückziehen kann,
wenn der Lärm der Welt mich taub
für die leise Stimme meiner Seele gemacht hat.

Darum halte ich immer aufs neue
meine innere Uhr an;
höre, wie ihr Ticken immer leiser wird,
bis es ganz endet –
und lausche mit offenem Empfinden
in die entstehende Stille hinein.

Und ich spüre, daß sie stets auf mich wartet
und immer bereit ist,
mir ihren verborgenen Reichtum zu schenken,
wenn ich ihn nur wahrnehme.

Die Langsamkeit pflegen

Wir leben in einer Welt,
in der die Eile fast schon
zur Normalität geworden ist.
Doch je schneller das Leben wird,
desto hohler wird es,
denn die Eindrücke haben gar nicht die Zeit,
sich zu setzen und nachzuwirken.

Wer durch das Leben hetzt,
nimmt alles nur noch oberflächlich
und eingeschränkt wahr.

Darum will ich die Langsamkeit pflegen
und sooft wie nötig Ruhe und Stille suchen,
um nicht den tieferen Kontakt zu mir selbst
und damit zum Leben zu verlieren.

Innere Ruhe ist die Quelle
der höchsten menschlichen Kraft:
der Energie der Seele.

Jeder neue Tag ist eine Chance

Die Vergangenheit ist gestorbenes,
die Zukunft noch nicht geborenes Leben.
Allein die Gegenwart
hält lebendiges Sein für mich bereit,
wenn ich ihr ohne Vorbehalte
und Vorurteile begegne –
wenn ich mich ihr anvertraue.

Offene Gegenwärtigkeit
ist der einzige Weg zur Wirklichkeit,
zu mir selbst, zu den anderen.

Ich will jeden Morgen
aufs neue die Chance sehen,
einen Schritt weiter in ein besseres,
erfülltes Leben zu gehen,
will mich besinnen
auf meine Interessen und Wünsche,
meine Talente und Stärken –
und versuchen,
die einmaligen Möglichkeiten
eines jeden neuen Tages zu erkennen und zu nutzen.

Die Gegenwart umarmen

Die Gegenwart umarmen

Ich frage mich:
»Angenommen, ich müßte in einer Woche sterben.
Wie würde ich meine verbleibende Zeit verbringen?«

Habe ich mir diese Frage beantwortet,
vergleiche ich die Art,
wie ich meine letzten Lebenstage gestalten würde,
mit der Art,
wie ich meine nächsten Tage gestalten werde.

Und damit kenne ich auch die Antwort auf die Frage,
wie weit ich
an meinem eigentlichen Leben vorbeigehe.
Vielleicht,
weil ich meine guten Vorsätze zu oft verschiebe
und auf ein Morgen vertage,
aus dem allzu oft ein Übermorgen wird?

Meine innere Stimme antwortet mir:
»Umarme die Gegenwart!
Laß dich in den Augenblick fallen!
Und das Morgen wird zum Heute,
das Irgendwo und Irgendwann zum Hier und Jetzt!«

Im Augenblick aufgehen

Ich will die Fähigkeit nie verlieren,
mich schönen Situationen
immer aufs neue so hinzugeben,
als seien sie etwas ganz Besonderes:
die Fähigkeit,
meine ungeteilte Aufmerksamkeit
der augenblicklichen Beschäftigung
oder Wahrnehmung zu widmen.

Ich will mit Körper, Geist und Seele
ganz gegenwärtig sein.

Betrachte ich eine Blumenwiese,
existiert in meinem Bewußtsein
nichts anderes als diese Wiese.
Mein Wesen ist ganz Auge.
Lausche ich schöner Musik,
ist mein Wesen ganz Ohr.
Umarme ich einen geliebten Menschen,
ist mein ganzes Wesen Liebe.

Und es fehlt mir an nichts,
denn Augenblicke,
in denen ich mich mit etwas Kostbarem vereine,
machen mich wunschlos.

Das eigene Wesen verwirklichen

Meinen Weg will ich finden
und so konsequent wie möglich gehen.
Ich möchte mein eigenes Wesen verwirklichen
und nicht die Zahl der Menschen vergrößern,
die von sich selbst entfremdet ein Leben führen,
das nicht ihnen gehört –
weil sie nie entschlossen genug
versucht haben herauszufinden,
wer sie wirklich sind und was sie wirklich wollen.
Ich will versuchen,
immer seelisch wach und mir selbst nah zu sein,
um die Chancen zu erkennen,
die das Leben mir bietet,
um die Türen zu sehen, die es mir öffnet.

Die Nähe zu mir selbst
ist auch die Voraussetzung für die Nähe zu anderen.
Sie ist die Gewähr dafür,
daß ich richtige Entscheidungen treffe,
daß meine zwischenmenschlichen Beziehungen
sich so fruchtbar wie möglich entfalten
und ich nicht von meinem Weg abkomme.

Wenn ich mir nah bin,
kann ich auch anderen helfen,
sich selbst näherzukommen.

Die Arznei des Lebensmutes

Nichts Außergewöhnliches
kann gelingen ohne die Zuversicht,
daß es gelingen wird.

Der Optimist ist inspiriert von seinem Glauben;
mit dessen Kraft
kann er Unmögliches möglich machen.
Der Pessimist ist blockiert von seiner Skepsis.
Er verzichtet auf die Freude
aus Angst vor Leid.
Er verschließt sich dem Glück
aus Angst vor möglicher Enttäuschung.
Man möchte ihm mehr Mut wünschen.

Lebensmut ist eine Arznei,
mit der ich die Anfälle des Argwohns behandeln kann.
Sie entzieht Ängsten ihre Macht,
schlechten Erfahrungen ihr Gift
und der Skepsis ihre Kraft.

Ein klares, deutliches Ja zum Leben,
trotz all seiner Gefahren und Schrecken,
trotz seiner Unvollkommenheit und Vergänglichkeit,
ist unverzichtbar für mich,
wenn ich meine seelischen Möglichkeiten
verwirklichen will.

Die Selbsttäuschung überwinden

»Ich will immer ich selbst sein!«
nehme ich mir vor.

Ich weiß, daß dies leicht gesagt,
aber schwer getan ist,
denn vor dem Selbstsein steht die Selbsterkenntnis,
und vor ihr wiederum oft die Selbsttäuschung.

Viele glauben, sie selbst zu sein,
wissen aber nicht, wer sie wirklich sind,
denn sie kennen sich im Grunde nicht.
Sie haben sich ein falsches Bild von sich gemacht,
das ihr wahres Wesen überdeckt.
Sie leben nicht in,
sondern außerhalb von sich.

Wer sein falsches Selbstbild
nicht als solches entlarvt hat,
kann sich nicht erkennen –
und ein Mensch, der sich nicht erkannt hat,
kann unmöglich er selbst sein.

Die Zeichen des Lebens erkennen

Es liegt in der menschlichen Natur,
schwierige Entscheidungen hinauszuzögern,
an Gewohnheiten festzuhalten
und sich gegen Veränderungen
des Bewußtseins und der Lebensweise zu wehren.

Doch wenn ich erkannt habe,
daß ich mein Leben ändern und erneuern muß,
um innerlich lebendig zu bleiben,
werde ich auch die Kraft und den Mut finden,
es zu tun.

Das Leben gibt mir Zeichen,
die mir helfen sollen, meinen Weg zu finden.
Manche dieser Zeichen sind sehr subtil,
kaum wahrnehmbar,
andere wiederum sind unübersehbar.

Es kommt darauf an,
daß ich diese Zeichen erkenne
und mich nach ihnen richte.
Wenn ich achtlos an ihnen vorbeigehe,
gehe ich an mir selbst vorbei
und verliere den Kontakt
zu meinem eigentlichen Leben.

Die Freiheit der Seele

Ich darf nie vergessen,
daß ich ein innerlich freier Mensch bin.

Meine Freiheit wurde mir
mit meiner Geburt gegeben –
und ich glaube,
nicht einmal der Tod wird sie mir nehmen.
Sie ist der natürliche Zustand meiner Seele.

Deshalb bin ich auf der Hut vor allen,
die bewußt oder unbewußt darauf abzielen,
mich zu beherrschen.
Sie wollen meine innere Freiheit einschränken,
also mein wahres Wesen.
Und das darf ich nicht zulassen.

Nicht einmal aus Liebe –
die ohnehin kein Mensch verdient,
der mich dominieren
oder kontrollieren will.

Selbstbilder und die Wahrheit

Solange ich nicht der Mensch bin,
der ich wirklich bin,
bin ich der,
für den ich mich halte.

Meine Selbsteinschätzung kann jedoch
weit von der Wahrheit entfernt liegen.

Wenn ich mein wahres Selbst finden will,
muß ich alle Bilder,
die ich mir von mir gemacht habe,
von den Wänden meines Bewußtseins entfernen.

Erst dann werde ich in der Lage sein,
den dahinter versteckten Spiegel zu entdecken,
in dem ich mein wahres Wesen erkennen kann.

Immer authentisch sein

Es gibt keine Alternative zur Authentizität,
zum unverfälschten Ausdruck dessen,
was ich denke und empfinde –
zum aufrichtigen Offenbaren dessen,
was ich bin.

Ich gebe nicht vor,
etwas zu sein, das ich nicht bin,
um mir dadurch
vermeintliche Vorteile zu verschaffen,
denn ich weiß,
daß eine berechnende Verstellung des eigenen Wesens
früher oder später versagt, zerbricht –
und nichts hinterläßt als
Scherben der Enttäuschung und Empörung.

Ich will ehrlich zu mir selbst
und zu anderen Menschen sein,
auch auf die Gefahr hin,
Sympathien zu verlieren,
die mir ohnehin nichts Wertvolles geben können,
wenn sie nicht mir gelten,
sondern dem Bild,
das andere sich von mir gemacht haben.

Dem Leben das Bestmögliche abgewinnen

Die wichtigste Regel ohne Ausnahme
ist vielleicht die,
daß alles vergänglich ist.

Wenn ich dies nicht
als etwas Trauriges und Bedrückendes empfinde,
sondern als den natürlichen Lauf der Dinge,
der seine eigene,
wenn auch nicht leicht erkennbare Weisheit hat,
habe ich schon die halbe Miete
für das Haus der Lebenskunst bezahlt.

Denn Lebenskunst heißt,
das Leben so zu nehmen, wie es ist,
und ihm das Bestmögliche abzugewinnen.

Es heißt einerseits,
die Vergänglichkeit und Ungewißheit zu akzeptieren,
und andererseits,
seine Talente zu entfalten,
seinen Sehnsüchten zu folgen,
seine Wünsche zu verwirklichen –
oder dies zumindest zu versuchen,
mit der Zuversicht,
daß es gelingen wird.

Selbstverantwortung

Wenn ein Mensch,
der mir etwas bedeutet,
den Kontakt zu mir vernachlässigt
und mich immer wieder zu lange
auf die nächste Begegnung warten läßt,
fühle ich mich enttäuscht.
Und wenn er sich damit entschuldigt,
daß er wenig Zeit hat, denke ich:
Wer echtes Interesse an mir hat,
der findet auch genügend Zeit für mich.
Wenn ich mir sicher bin,
daß sich an einer solchen Situation
in Zukunft nichts ändern wird,
stelle ich mir die Frage,
was das geringere Übel ist:
eine Beziehung, unter deren Vernachlässigung
ich immer aufs neue leiden werde –
oder der gänzliche Verzicht darauf.

Wie auch immer ich mich entscheide:
Ich selbst bin dafür verantwortlich,
wie ich einem anderen Menschen erlaube,
mit mir umzugehen.
Ich allein entscheide, wo und wann ich eine Grenze
oder einen Schlußstrich ziehe.
Und ich allein muß mit den Konsequenzen leben.

Die Bedeutung der Freiheit

Das Wachsen und Gedeihen aller Lebenskunst
hängt vom Grad
der inneren und äußeren Freiheit ab.

Für einen in sich selbst gefangenen
oder in äußeren Zwängen verstrickten Menschen
ist es sehr schwierig und manchmal sogar unmöglich,
sich in der Kunst des Lebens weiterzuentwickeln.

Deshalb ist es so wichtig,
sich ein Maximum an innerer und äußerer Freiheit
zu schaffen und zu erhalten.
Denn die Möglichkeit,
seine Tage in hohem Maß
selbstbestimmt gestalten zu können,
ist die beste Voraussetzung
für den beständigen Versuch,
aus seinem Leben eine Kunst zu machen –
einen schöpferischen Prozeß,
der sich selbst auf den Grund geht.

Sensibel und wachsam sein

Ich will mich von niemandem
mißbrauchen oder ausnutzen lassen.
Manche Menschen suchen keine Freunde,
sondern Opfer, um sich für das zu rächen,
was andere ihnen
in der Vergangenheit angetan haben.
Manche wählen ihre Freunde
nicht mit dem Herzen aus,
sondern mit berechnendem Verstand,
und messen ihren Wert allein daran,
wie weit sie ihnen von Nutzen sein können.

Ich lasse mich nicht
zu einem Nutzmenschen degradieren,
der nicht um seiner selbst willen geliebt wird,
sondern nur einem bestimmten Zweck dienen soll.

Ich bin nicht skeptisch, aber wachsam,
wenn ich einen Menschen kennenlerne,
der Interesse an mir zeigt,
und setze meinen sechsten Sinn ein.
So spüre ich rechtzeitig,
ob dieser Mensch
mich auf meinem Weg begleiten möchte
oder mich nur auf eine Reise schicken will,
die ich bereuen würde.

Gratwanderung

Es ist nicht leicht,
den Mittelweg zu finden
zwischen den eigenen Ansprüchen ans Leben
und der mitfühlenden Rücksichtnahme
auf einen nahestehenden Menschen,
dem diese Ansprüche Probleme bereiten.

Einerseits darf man
seine persönlichen Bedürfnisse nicht unterdrücken;
schließlich existieren sie,
um befriedigt zu werden,
und wenn man sie verleugnet,
schädigt man seine eigene Entwicklung.
Andererseits will man den anderen
nicht überfordern oder verletzen.

Der Mittelweg
zwischen notwendiger Erfüllung eigener Bedürfnisse
und sensibler Rücksichtnahme
auf die Verletzlichkeit des anderen
ist ein Gang auf einem schmalen Grat –
ein schwieriger Balanceakt,
der nur mit gutem
seelischem Gleichgewicht gelingen kann.

Den richtigen Beruf ausüben

Es ist für jeden Menschen sehr wichtig,
den zu ihm passenden Beruf zu finden,
denn ein Beruf bestimmt
einen großen Teil des Lebens,
nimmt viel Zeit und Kraft in Anspruch
und prägt die Persönlichkeit.

Wen seine Beschäftigung
immer aufs neue fasziniert und befriedigt,
weil er mit ihr seine wertvollsten Begabungen
und Stärken entfalten kann,
hat den richtigen Beruf gewählt.
Er kann sich mit seiner Arbeit identifizieren
und sich durch sie verwirklichen,
weil sie ihm immer neue Möglichkeiten
und Perspektiven öffnet –
und deshalb nie langweilig wird
oder in hohle Routine ausartet,
deren einziger Sinn der Gelderwerb ist.

Sich nicht gängeln lassen

»Die Zeiten ändern sich,
und wir ändern uns mit ihnen.«

Aber es besteht ein Unterschied darin,
ob wir mit der Zeit gehen
oder uns von ihr gängeln lassen.

Wer sich unkritisch vorherrschenden Denkmoden
und Zeitgeistströmungen anschließt,
wird zu einem Teil der Masse
und verliert seine Individualität.
Wer aber mit wachem Bewußtsein
die Möglichkeiten prüft,
die sich aus der allgemeinen Entwicklung
für ihn persönlich ergeben,
läßt sich nur auf solche Aussichten ein,
die er mit seinem Selbstverständnis vereinbaren kann.

So bleibt er sich treu,
ohne auf die Chancen zu verzichten,
die ihm von der Zeit geboten werden,
in der er lebt.

Die Rebellen

Die Welt gleicht einer gigantischen Bühne,
auf der zahllose Schauspieler
in einem chaotischen Stück agieren
und eine Rolle spielen,
die sie ihr Leben nennen.

Doch es gibt auch Rebellen,
die nicht mitspielen wollen,
die sich dem großen Schauspiel verweigern
und die Wahrheit suchen, um sie zu leben.

Die Schauspieler mögen diese Verweigerer nicht,
weil sie sich von ihnen verunsichert fühlen,
aber sie bewundern sie heimlich,
weil sie den Mut haben,
sich dem großen Theater zu entziehen.

Die Rebellen wollen
nichts anderes sein als sie selbst,
sie wollen ihr Leben nicht verspielen.
Sie haben hinter die Kulissen gesehen
und das Theater durch den Notausgang verlassen.

Das Mögliche erreichen

Wenn ein Künstler
seine Werke nicht mehr
aus einem tiefen inneren Antrieb schafft,
sondern mit berechnendem Blick
auf die Bedürfnisse und Wünsche des Publikums,
wird er zu einem Geschäftsmann,
einem Kunsthandwerker,
der seinen Anspruch als Künstler aufgegeben hat.

Das gleiche gilt für den Lebenskünstler.
Wenn er sich bei der Entfaltung
seiner Lebenskunst darauf konzentriert,
anderen Menschen zu gefallen,
anstatt das ihm Mögliche zu erreichen,
degradiert er sich von einem Lebenskünstler
zu einem Lebensdiplomaten –
zu einem berechnenden Strategen,
der sich zu sehr an der Außenwelt orientiert,
um seine inneren Möglichkeiten
verwirklichen zu können.

Den Mittelweg finden

Jeder Mensch
hat ein bestimmtes Maß an Lebensenergie,
das mehr oder weniger großen
Schwankungen unterworfen ist.

Ich will stets aufs neue
mein persönliches Maß an Kraft erkennen
und mein Leben danach ausrichten.
Ich darf mir nicht zuviel zumuten,
aber mich auch nicht unterfordern,
denn ungenutzte Energien verringern sich.
Kraft will geübt sein.
Und ich will mir immer wieder Ruhepausen gönnen,
in denen ich Energie schöpfen kann
für neue Aufgaben.

Es kommt darauf an,
den Mittelweg zu finden.
Wer zuviel ruht,
wird träge und gleichgültig.
Wer zuviel arbeitet,
wird unruhig und oberflächlich.

Die Stimme der Intuition

Die Stimme der Intuition

Ich will meiner Intuition,
nicht meinem Verstand vertrauen,
wenn es um ganz persönliche Entscheidungen geht,
denn sie weiß am besten,
was für mich richtig oder falsch ist,
woran ich festhalten und was ich aufgeben sollte.

Die Stimme meiner Intuition
ist von Natur aus leise.
Darum werde ich mich,
wenn ich ihren Rat suche,
von Lärm und Betriebsamkeit zurückziehen –
an einen ruhigen Ort,
wo ich meine Seele öffnen und zu mir finden kann.
Wo es so still in mir wird,
daß ich meine innere Stimme
so klar und deutlich hören kann,
daß ich keine Zweifel an dem habe,
was sie mir rät.

Ein ständiger Lernprozeß

Was helfen mir meine besten Erkenntnisse,
wenn es mir nicht gelingt,
nach ihnen zu leben?
Welchen Sinn haben die Fehler,
die ich gemacht habe,
wenn ich nicht fähig bin,
aus ihnen zu lernen?

Die wertvollste Einsicht genügt nicht,
wenn das entsprechende Verhalten
ihr nicht folgen kann.

Meine Enttäuschungen erwarten von mir,
mich in Zukunft nicht mehr zu täuschen.
Meine Desillusionierungen fordern mich auf,
mir in Zukunft keine Illusionen mehr zu machen.

Das Leben ist ein ständiger Lernprozeß.
Je mehr ich aus meinen Erfahrungen lerne,
desto besser wird sich mein Leben entwickeln.

In Frieden mit sich leben

Bevor ich in Frieden
mit anderen Menschen leben kann,
muß ich lernen,
mit mir selbst in Frieden zu leben.
Ich muß friedlich mit mir fertig werden –
friedfertig.
Solange noch innere Kämpfe in mir toben,
werde ich immer wieder
in Kämpfe mit anderen geraten,
denn niemand kann seinen Unfrieden
für sich behalten.
Unfrieden ist von Natur aus expansiv.

Wenn ich in Harmonie mit mir selbst lebe
und meine inneren Konflikte
konstruktiv und friedlich löse,
werden auch meine Beziehungen
zu anderen Menschen
konstruktiv und friedlich sein.

Und wer den Kampf mit mir sucht,
wird keinen Erfolg haben,
denn er findet keinen Boden in mir,
auf dem er streiten kann.

Beizeiten loslassen

Alles,
was ich über einen längeren Zeitraum
immer aufs neue tue,
kann auf schleichende Weise
zu einer Gewohnheit werden,
zu einem seelischen Holzbalken,
an dem ich mich festhalte im Fluß des Lebens –
weil ich zu müde
oder zu bequem zum Schwimmen geworden bin.

Für eine Weile kann ich mich
auf diese Weise ausruhen und neue Kraft schöpfen,
doch ich muß beizeiten
den Holzbalken der Gewohnheit loslassen
und mich wieder
auf meine Schwimmkünste besinnen –
sonst fließt das Leben an mir vorbei.

Drei Helferinnen

Ich brauche dreierlei,
um mein Leben in bestmöglicher Weise zu entfalten:
Intuition, Inspiration und Imagination.

Die Intuition hilft mir,
mich in entscheidenden Situationen
richtig und rechtzeitig zu entschließen
und die Weichen entsprechend zu stellen,
bevor der Zug sie erreicht.

Die Inspiration gibt mir
die Freude und die Kraft,
meinen Weg gegen den kalten Wind
einer lieblosen Welt zu gehen.

Die Imagination gestattet mir,
mit den grenzenlosen Möglichkeiten der Phantasie
Schwierigkeiten zu meistern,
die auf den ersten Blick unüberwindbar erscheinen.

Wesentliche Fragen

»Wer bin ich?
Woran glaube ich?
Wo stehe ich und wohin gehe ich?
Wofür möchte ich leben?
Was sind meine Wünsche und Sehnsüchte?«

Solche Fragen beschäftigen jeden,
der sich nicht damit begnügt,
vorgegebene Wege zu gehen,
sondern das Leben als eine Reise betrachtet,
auf der man nie weiß,
welche Überraschungen sie bringt
und wohin sie letztlich führt.

Deshalb ist es so wichtig,
sensibel zu sein, geistesgegenwärtig,
offen für alles Erlebenswerte.

Nicht jede Überraschung ist angenehm,
und manche Erfahrungen haben ihren Preis.
Aber viel Gutes wartet auf den,
der sich nicht damit begnügt,
ängstlich in die Fußstapfen anderer zu treten,
sondern seinen Weg auf unberührtem Boden geht.

Manchmal reicht der Wille nicht

Vieles im Leben gelingt nur mit Geduld.
Doch die Geduld ist ein zweischneidiges Schwert.
Sie kann helfen, Durststrecken zu überstehen
und ein lange ersehntes Ziel zu erreichen.
Sie kann aber auch dazu verführen,
mit fruchtlosem Warten
kostbare Zeit und Kraft zu vergeuden.
Ich muß immer aufs neue entscheiden,
ob ein Mensch oder eine Sache es wert sind,
daß ich ihm oder ihr meine Geduld schenke.

Es heißt: Wo ein Wille ist, ist auch ein Weg.
Und wo eine Aufgabe ist,
ist auch die Kraft, sie zu bewältigen.
Doch manche Wege sind lang
und manche Aufgaben schwer.

Bisweilen mußte ich schon viel Geduld aufbringen
und manche Enttäuschungen hinnehmen,
ohne mich entmutigen zu lassen –
und schließlich konnte ich
den ersehnten und verdienten Erfolg feiern.
Doch es gab auch Wege,
die ich schweren Herzens verlassen mußte,
und es gab Aufgaben,
die ich beim besten Willen nicht lösen konnte.

Die Lektionen der Enttäuschungen

Viele reden sich ein,
daß ihnen etwas nicht möglich sei,
ohne wirklich versucht zu haben,
es möglich zu machen.
Sie lassen sich zu leicht
durch Enttäuschungen und Rückschläge entmutigen,
sie geben zu schnell auf.
Doch ich erlebe Enttäuschungen nicht,
um mich von ihnen deprimieren zu lassen,
sondern um aus ihnen zu lernen,
mich nicht mehr zu täuschen –
weder in anderen noch in mir selbst.
Enttäuschungen, so bitter sie auch sein mögen,
sind hilfreich für meine Entwicklung.
Sie lehren mich,
keine Zeit mehr mit unausgewogenen,
aussichtslosen Beziehungen zu verschwenden.
Wenn das Schlechte in ihnen
eindeutig das Gute überwiegt,
sind sie es nicht wert, weiter gepflegt zu werden.

Ich will dem Menschen, der es mir wert scheint,
die Chance geben, mein Herz zu öffnen;
aber ich werde ihm meine Gefühle verweigern,
wenn ich mir sicher bin,
daß er nur mit ihnen spielen will.

Das Schicksal mitgestalten

Alles kommt so, wie es kommen soll.
Das heißt jedoch nicht,
daß ich ohne Einfluß
auf den Verlauf meines Schicksals bin.

Ich kann das Gute, das mir begegnet,
besser werden lassen:
durch Begeisterungsfähigkeit, Empfänglichkeit,
durch Vertrauen und Hingabe.
Ich kann das Schlechte, das mir widerfährt,
schlechter werden lassen:
durch Selbstmitleid, Resignation, Schwarzmalerei
und sinnlosen Widerstand.

Meine Erfahrungen sind nicht zuletzt das,
was ich aus ihnen mache.
Ich bin keine Marionette,
sondern ein aktiver Teil meines Schicksals.
Ich gestalte es mit,
und ich gestalte es so,
wie es mir am besten und sinnvollsten erscheint.

Das Ziel ist der Weg

Je mehr meine Lebenskunst wächst,
desto weiter entferne ich mich von dem Glauben,
jemals die Meisterschaft in ihr zu erringen.

In der Kunst des Lebens gibt es keine Vollendung –
nur das beständige Bemühen, sich ihr anzunähern.

Selbst der Gelassenste
wird einmal aus dem inneren Gleichgewicht gebracht;
selbst der Weiseste
begeht manchmal eine Dummheit;
selbst der Liebevollste
kann in gewissen Situationen lieblos handeln.

Ich werde immer auf dem Weg
zur Meisterschaft in der Lebenskunst sein,
aber mein Ziel nie erreichen.

Darum betrachte ich das Ziel als meinen Weg.

Sich der Gegenwart stellen

Ich suche nicht nach verlorenen guten Zeiten.
Kein Mensch hat sie jemals wiedergefunden.

Die Monate und Jahre vergehen,
manchmal ungemein schnell,
und machen aus schönen Erlebnissen Erinnerungen,
die kein Leben mehr in sich tragen,
das inspirieren kann.

Nostalgie ist eine Flucht
vor der ungeliebten Gegenwart.
Sie mag für eine Weile Trost spenden,
aber wirkliche Hilfe kann sie nicht leisten.

Es gibt keinen anderen Weg,
als mich der Gegenwart zu stellen,
so schwierig dies auch manchmal sein mag.
Nur so lerne ich Wesentliches.
Nur so erkenne ich,
daß mein Leben ein beständiger Lernprozeß ist –
ein Weg, auf dem alle Brücken,
die ich überquert habe,
hinter mir zusammengestürzt sind.

Gelassenheit und Gleichgültigkeit

Die Grenze zwischen
Gelassenheit und Gleichgültigkeit
ist oft kaum erkennbar.
Es ist leicht, sie zu übertreten,
ohne es wahrzunehmen.
Daher ist Wachsamkeit geboten,
denn es ist ein tiefer Fall
von der Gelassenheit in die Gleichgültigkeit.

Der Gleichgültige hat sich aufgegeben,
seine Gefühle sind abgestumpft,
seine Seele ist vermauert.
Er lebt nicht mehr wirklich.
Er hat seine Ruhe,
aber es ist eine Friedhofsruhe.

Der Gelassene hat sich ein fühlendes Herz
und eine empfängliche Seele bewahrt.
Seine Gelassenheit hilft ihm,
Enttäuschungen und Rückschläge
auf bestmögliche Weise hinzunehmen,
das Geschehene geschehen sein zu lassen
und allen Widrigkeiten mit Fassung
und einem Humor zu trotzen,
der vor der eigenen Person nicht haltmacht.

Regeln der Lebenskunst

Halte nichts für selbstverständlich;
das einzig Sichere im Leben ist die Unsicherheit.
Sei geistes- und herzensgegenwärtig;
deine erste Chance kann zugleich die letzte sein.
Verliere nie die Zärtlichkeit,
die Ehrlichkeit, das Lächeln.
Geschwätz, Neid und Mißgunst
kannst du nicht besiegen,
aber überfliegen.
Sei freundlich zu denen,
die Freundlichkeit verdienen,
und unnachgiebig zu denen,
die deine Nachgiebigkeit ausnutzen.
Sei lieb zu denen, die liebenswert sind –
und bleibe gelassen bei denen,
die dich nicht sehen,
selbst wenn du direkt vor ihnen stehst.

Vergiß nicht,
du bist nur ein Mensch unter ein paar Milliarden,
von denen viele sich
für den Mittelpunkt der Welt halten.

Wünschen und vergessen

Das Schönste kommt oft unerwartet,
als würde es vor unserer Hoffnung
auf sein Erscheinen zurückschrecken.

Es scheint ein Merkmal dessen zu sein,
was wir uns am meisten wünschen,
daß es sich gern dann ereignet,
wenn wir die Hoffnung auf sein Kommen
beiseite gelegt haben.

Also will ich mir etwas wünschen –
und es dann vergessen;
will es nicht weiter tragen wie eine zweite Haut,
die zum Schutzschild gegen das werden kann,
was ich mir ersehne.

Weniger unvollkommen werden

Eine der schwierigsten,
aber gleichzeitig wichtigsten Aufgaben ist es,
in allen Dingen das richtige Maß zu finden.
Über das Ziel hinauszuschießen,
ist genauso fruchtlos,
wie es nicht zu erreichen.
Das richtige Maß finden heißt,
allen Situationen, mit denen man konfrontiert wird,
möglichst gut gerecht zu werden
und größtmögliches Verständnis
für die anderen zu entfalten,
ohne sich selbst zu verleugnen.
Es heißt, Konflikte konstruktiv auszutragen,
nicht gegeneinander zu kämpfen,
sondern gemeinsam nach einer
für alle Beteiligten annehmbaren Lösung zu suchen,
mit gegenseitiger Achtung und gutem Willen.
Es heißt auch, die eigene Unvollkommenheit
und die der anderen zu akzeptieren
und Probleme mit Entgegenkommen
und Einfühlungsvermögen zu lösen.

Vollkommen werden wir nie sein,
doch wir können uns gegenseitig helfen,
weniger unvollkommen zu werden.

Die Kraft der Erkenntnis

Die Kraft der Erkenntnis

Wenn ich mich traurig und entmutigt fühlte,
reagierte ich manchmal allergisch auf Ratschläge,
die ich schon allzu oft gehört hatte.
Worte wie:
Hilf dir selbst, dann wird dir geholfen.
Oder: Die dunkelste Stunde
ist immer die vor der Dämmerung.
Oder: Wer den Glauben an sich selbst nicht aufgibt,
verliert auch nicht den Glauben ans Leben.

Wenn es mir wirklich schlecht ging,
mochte ich bewährte Lebensweisheiten
manchmal nicht an mich herankommen lassen.
Warum eigentlich?
Wollte ich weiter ungestört
meine Bedrückung pflegen
und meine Traurigkeit kultivieren?

Erst wenn ich ein für allemal
die Frucht- und Sinnlosigkeit
der Selbstquälerei erkannt habe,
kann ich mich nach und nach von ihr befreien.

Denn eine gute Erkenntnis
ist auf die Dauer stärker
als eine schlechte Gewohnheit.

Präferenzen

Lieber echter Gleichgültigkeit
als falscher Freundlichkeit begegnen.
Lieber einen Freund für alle Wetterlagen haben
als ein Dutzend Schönwetterfreunde.

Lieber genießen, was man hat,
als zu bedauern, was einem fehlt.
Lieber die Unsicherheit akzeptieren,
als sich in trügerischer Sicherheit zu wiegen.

Lieber weniger Geld haben, und dafür mehr Zeit.
Lieber weniger wissen, aber dafür mehr fühlen.
Lieber seine Wünsche reduzieren,
als an ihrer Unerfüllbarkeit zu leiden.

Lieber so sein, wie man wirklich ist,
als sich scheinbarer Vorteile wegen zu verstellen.
Lieber das Gute im Schlechten
als das Schlechte im Guten sehen.

Lieber den Sinn des eigenen Lebens
als den Unsinn des Weltgeschehens verstehen.

Sich niemals verleugnen

Ich will niemals
meine Individualität verleugnen.

Jeder Mensch ist einzigartig
und muß seinen eigenen Weg
zum Ziel seiner Wünsche gehen.

Niemand außer mir selbst kann herausfinden,
was das Ziel meiner Wünsche ist.

Das heißt nicht,
daß ich den ganzen Weg allein zurücklegen werde,
denn es gibt Menschen,
die eine kürzere oder auch längere Strecke
des Weges mit mir gehen,
weil ihr Weg ein Teil meines Weges ist.

Und nicht zuletzt
bin ich selbst immer an meiner Seite.

Das Brot der Seele

Ich lebe in einer
sogenannten Wohlstandsgesellschaft,
in der es den meisten Menschen
nicht an Geld und Besitz fehlt, aber an Werten,
die man mit Geld nicht erwerben
und auch nicht besitzen kann –
Werte wie Liebe, Freundschaft, Freude und Glück.
Der Mangel an solchen immateriellen Schätzen
wird durch Anhäufung materieller Güter kompensiert,
mit unbefriedigendem Ergebnis.
Denn was nützt dem Besitzer
des prachtvollsten Hauses sein ganzer Luxus,
wenn er sich im Haus seiner Seele nicht wohl fühlt?
Ich lebe in einer Welt,
die den Menschen die Zeit nimmt, die sie bräuchten,
um ihren tiefsten Bedürfnissen nachzugehen
und ihre seelischen Möglichkeiten zu entfalten.
Aber es hängt von mir ab,
wieviel Zeit ich mir nehmen lasse.
Ich muß nicht das Lied der Welt singen,
denn ich kann von dem Brot meiner Seele leben.
Ich habe nur wenig Macht,
die Welt zu ihrem Vorteil zu verändern.
Aber ich habe viel Macht, zu verhindern,
daß die Welt mich zu meinem Nachteil verändert.
Diese Macht werde ich nie aus der Hand geben.

Die Karten des Schicksals

Manches,
das mir einfach nicht gelingen will,
soll mir vielleicht nicht gelingen;
denn dieses Gelingen könnte ein Scheitern
in einer anderen Hinsicht nach sich ziehen.

Ein scheinbarer Mißerfolg
kann mich vor
noch größerem Schaden bewahren.

Das Schicksal läßt sich
nicht in die Karten blicken,
und ich kann das Spiel erst beurteilen,
wenn die letzte Karte auf dem Tisch liegt.

Darum will ich mich nicht
über ein Mißgeschick beklagen,
das mir gestern widerfahren ist.
Es könnte sich schon morgen
als ein maskiertes Glück herausstellen.

Unpersönliches nicht persönlich nehmen

Wohl jeder wurde schon
mehr als einmal zu Unrecht
oder aus nichtigen Gründen
attackiert oder beleidigt –
von angriffslustigen Zeitgenossen,
die nur irgendeine Zielscheibe
für ihre Aggressionen suchten.

Ich will solche Aggressionen,
wenn sie mir begegnen,
nicht persönlich nehmen
und nicht als Kränkung empfinden.

Es gibt nun einmal Menschen,
die von so viel Frustration und Wut erfüllt sind,
daß sie ihrem Ärger auf Kosten anderer
Luft zu machen versuchen.
Ich trage solche Kosten nicht,
nehme solchen Ärger nicht in mich auf,
sondern lasse ihn an mir abgleiten.

Um eine Beleidigung wirksam zu machen,
bedarf es immer zweier Personen:
einer, die beleidigt –
und einer, die sich beleidigen läßt.

Es liegt an mir

Shakespeare hat geschrieben,
das Leben sei eine Geschichte,
die keinen Sinn ergibt,
erzählt von einem Irren,
der immer wieder den Faden verliert.

Um einer solchen Geschichte
ihre besten Seiten abzugewinnen,
brauche ich Sehnsucht nach dem verborgenen Sinn
hinter dem offensichtlichen Unsinnigen,
der nur mit den Augen der Seele erkennbar ist.
Ich brauche Liebe zum Leben,
trotz seiner Widersprüche und Härten,
brauche Gelassenheit
angesichts seiner Dramen und Hiobsbotschaften –
und ich brauche Humor,
um über Verhältnisse und Ereignisse
lachen zu können,
die im Grunde traurig sind.

Es liegt an mir, wie ich auf das reagiere,
was mich umgibt und was mir geschieht.
Vieles ist einfach nur das,
was ich aus ihm mache.

Es gibt immer etwas noch Schlimmeres

Es stimmt nicht,
daß es immer noch eine größere Hölle gibt als die,
in der ich gerade schmore –
es gibt Hunderte, Tausende.
Der Schmerz, die Traurigkeit, die Verzweiflung,
unter der ich gerade leide,
ist nur ein mehr oder weniger kleiner Teil dessen,
worunter ich leiden könnte.

In diesem Wissen finde ich Hilfe,
Trost und Erleichterung – und die Kraft,
ein Unglück zu ertragen und es als eine schwierige,
aber unvermeidliche Strecke
meines Schicksalsweges zu akzeptieren.

»Was mich nicht umbringt, macht mich stärker«,
heißt es.

Und was mich stärker macht,
sage ich mir,
wird mir auf meiner weiteren Reise
durch das Leben hilfreich sein.

Die Sprache der Handlungen

Ich will mich nicht von Worten täuschen lassen.
Manche Menschen versprechen viel
und halten wenig.
Um Enttäuschungen vorzubeugen,
werde ich mich an ihrem Verhalten orientieren.
Was ein Mensch tut,
spricht immer eine zuverlässigere Sprache als das,
was er sagt.
Seine Handlungen hinterlassen Spuren,
mit denen ich den Weg zu seinem wahren Wesen
zurückverfolgen kann.

Leider gibt es geborene Schauspieler,
deren Verhalten ebenso trügerisch ist,
wie ihre Worte es sind.
Aber selbst der beste Mime
fällt irgendwann einmal aus der Rolle
oder vergißt seinen Text.

In solchen Momenten
zeigt sich sein wahres Gesicht.
Ich will stets versuchen,
es so früh wie möglich zu erkennen.

Der Weg der Lebenskunst

Alles ist vergänglich,
das Glück wie das Leid,
die Freuden wie die Sorgen,
der Schmerz wie die Lust.

Lebenskunst beginnt dort,
wo ich mein Leid,
meine Sorgen und meinen Schmerz
im Wissen um ihre Vergänglichkeit betrachte
und ihnen damit
viel von ihrer Macht über mich nehme.
Sie geht dort weiter,
wo ich mein Glück,
meine Freuden und meine Lust
ganz und gar auskoste,
gerade weil ich mir ihrer Vergänglichkeit bewußt bin.
Sie endet erst dort,
wo ich mein Vertrauen ins Leben aufgebe.

Immer eine Reserve behalten

Ich will nicht
mit meinen Energien geizen,
aber mich auch nicht überfordern
oder überfordern lassen.
Ich will interessante Herausforderungen annehmen,
aber keinen Raubbau an meinen Kräften betreiben.

Denn wenn ich mich verausgabt habe
und überraschend
mit einer Situation konfrontiert werde,
die Kraft und Geistesgegenwart von mir fordert,
werde ich versagen.

Ein solches Scheitern tut doppelt weh.

Darum will ich immer
eine seelische Energiereserve behalten.

Ein Teil des Lebens

Der Tod ist ein Thema,
über das nicht gern geredet wird,
obwohl er ein Teil des Lebens ist –
wie die Geburt.
Doch die Geburt ist erklärt,
erforscht und ihrer Geheimnisse beraubt,
während der Tod wohl immer
seine Geheimnisse bewahren wird.
Und eben deshalb
macht er vielen Menschen angst,
denn sie fürchten die Ungewißheit.
So sicher der Tod ist,
so groß ist die Unsicherheit über sein Wesen.
Man hat nur die Wahl
zu glauben, was nach dem Tod geschieht,
oder mit seinem Unwissen darüber zu leben.

Welche Wahl ich auch treffen mag:
Ich lasse mir von der Unausweichlichkeit
und Unberechenbarkeit des Todes
nicht die Freude am Leben trüben.

Der Fluch der Arroganz

Hinter mancher Arroganz
verbirgt sich Unsicherheit.
Hinter mancher Unsicherheit
versteckt sich Angst.
Hinter mancher Angst
steht ein Trauma,
eine schlechte Erfahrung,
die nicht verarbeitet wurde.

Deshalb will ich mich nicht
über die Arroganten ärgern.
Sie leiden oft am meisten unter sich selbst
und bemänteln ihr Leid
mit Überheblichkeit und Unnahbarkeit,
was sie vor weiterem Leid schützen soll.

Doch ihre Arroganz schreckt oft
gerade die Menschen ab,
die ihnen helfen könnten,
ihr seelisches Elend zu erkennen
und zu überwinden.

Die Früchte des Leidens

Niemand kann leben,
ohne manchmal zu leiden.
Und niemand leidet gern.

Aber wenn ich leide,
bin ich auf eine bestimmte Weise sehr verletzlich.
Gerade diese Verletzlichkeit
kann eine unverhoffte Stärke in mir erwecken,
die mir hilft,
mich aus meinem Leid zu befreien.

Und mein Leid war nicht vergeblich.
Es hat das Vertrauen in meine Lebenskraft
und mein Mitgefühl für alle Leidenden gestärkt.

Denn nur,
was ich am eigenen Leib erlebt habe,
kann ich bei anderen wirklich mitempfinden.

Fragen zur Gerechtigkeit

Warum verwöhnt das Schicksal manche Menschen,
während es anderen so harte Schläge erteilt?

Schon oft habe ich mir
auf diese Frage die Antwort gegeben,
daß es keine Gerechtigkeit im Leben gibt,
aber wirklich befriedigt
hat mich dieser Gedanke nie.
Denn vielleicht existiert
eine höhere Gerechtigkeit,
die dafür sorgt,
daß letztlich jeder bekommt, was er verdient.

Könnte es nicht sein,
daß ich jedes Kreuz, das ich tragen muß,
irgendwann selbst gezimmert habe?
Und daß ich jedes erfreuliche Überraschungspaket,
das ich empfange, auch verdient habe?
Und ist es nicht möglich,
daß ich jeden wertvollen Menschen,
der in mein Leben kommt und es bereichert,
auf die richtige Weise dazu eingeladen habe?

Ein verläßlicher Wegweiser

Wenn ich mich überfordert,
verwirrt oder verletzt fühle,
schreibe ich meine Gedanken auf und versuche,
möglichst treffende Worte
für meine Gefühle zu finden.

Schreiben ist eine
besonders bewußte Form des Denkens und Fühlens,
und oft finde ich
bei der Suche nach den richtigen Worten
eine unverhoffte Klarheit
und die besten Antworten auf meine Fragen.

Und was einmal aufgeschrieben ist,
kann ich nicht mehr verdrängen,
wenn es mir unbequem erscheint oder angst macht;
denn es hat nicht die Flüchtigkeit der Gedanken,
sondern die Dauerhaftigkeit der Schrift.

So kann es mir als zuverlässiger Wegweiser
aus der Verwirrung in die Klarheit dienen.

Der Umweg als Teil des Weges

Ich suche nach der Wahrheit, nach Weisheit –
und finde Einsichten und Erkenntnisse,
auf deren Basis ich meine Entscheidungen treffe.

Ich kann mich allerdings irren,
meine Erkenntnisse könnten sich als Fehlurteile,
meine Entscheidungen sich als falsch erweisen.

Trotzdem darf ich mich nicht
von der Angst lähmen lassen,
vielleicht nicht den richtigen Weg zu gehen.
Lähmung ist Stillstand – und Leben ist Bewegung.
Ich darf nicht in Unentschlossenheit erstarren,
muß mich entscheiden und meinen Weg gehen –
im Bewußtsein,
daß er möglicherweise nicht der beste ist.

Früher oder später
werde ich dies erkennen und meinen Kurs ändern.

Bisweilen muß ich wohl
erst den falschen Weg gehen,
um den richtigen finden zu können;
manchmal ist der Umweg
ein unvermeidlicher Teil des Weges.

Die Unterscheidungskraft üben

Ich will nicht aufhören zu lernen,
Wesentliches von Unwesentlichem
und Echtes von Falschem zu unterscheiden,
will mich nicht täuschen lassen
von aufgesetzter Freundlichkeit
oder gespielter Sympathie.

So kann ich immer besser und schneller erkennen,
ob die Zuneigung,
die mir entgegengebracht wird,
wirklich mir gilt
oder nur vorgetäuscht wird,
um mich zu blenden und letztlich auszunutzen.

Ich lasse mich nicht zur Figur
im Spiel anderer Menschen machen.
Von Personen, die mich als Mittel
zum Erreichen ihrer Ziele benutzen wollen,
wende ich mich ab.

Ursachen und Wirkungen

Ich darf mich nicht
bei meinem Schicksal beschweren,
wenn ich Pech habe.
Wenn die Ernte mißrät,
habe ich bei der Saat etwas falsch gemacht.

An jedem Tag meines Lebens
habe ich mein Schicksal mitbestimmt,
habe ich Ursachen geschaffen,
die früher oder später Wirkungen
nach sich zogen oder ziehen werden.
Alles Gute, das mir das Leben schenkt,
habe ich verdient.
Und alles Schlechte, das es mir aufbürdet,
habe ich ebenso verdient.
Ich bin nicht unschuldig an meinem Unglück;
und das Glück, das mir zuteil wird,
kommt nicht von ungefähr.
Ich habe an beidem mitgewirkt.

Ich bin nicht nur das geworden,
was das Schicksal aus mir gemacht hat.
Ich bin auch das geworden,
was ich aus mir selbst gemacht habe.

Die Hilfe der Bücher

Gute Bücher sind meine Freunde,
denn in ihnen finde ich Erfahrungen, Empfindungen,
Phantasien und Lebensanschauungen
anderer Menschen,
die meine eigenen Sichtweisen
bereichern und erweitern können.

Ein Buch zu lesen heißt,
für eine Weile die Wirklichkeit mit den Augen
eines anderen Menschen zu betrachten.

Ich schöpfe Inspiration, Erkenntnis
und Hilfe aus wertvollen Büchern,
um so mehr,
wenn ich sie zum richtigen Zeitpunkt finde.

Ein gutes Buch kann ein Leben verändern –
oder Mut zu einer Veränderung machen,
deren Notwendigkeit man bereits in sich spürt.

Es kann zu dem Anstoß werden,
den man noch brauchte,
um den Weg zu gehen, den man gehen muß.

Alles fließt

Es ist gut,
eine Wahrheit zu erkennen
und ihr entsprechend zu leben,
aber es ist nicht ratsam, sich an sie zu klammern.
Manche Wahrheiten
verlieren mit der Zeit ihre Gültigkeit,
denn alles fließt, alles verändert sich.

Deshalb überprüfe ich
meine Erkenntnisse von Zeit zu Zeit und frage mich,
ob sie mit meiner persönlichen Entwicklung
Schritt gehalten haben
oder hinter ihr zurückgeblieben sind.
Ist letzteres der Fall,
scheue ich mich nicht davor,
veraltete Einsichten aufzugeben
und nach neuen zu suchen –
denn mein Leben kann nicht gleichzeitig
in die Zukunft gehen
und an der Vergangenheit festhalten.

Die Unsicherheit akzeptieren

Außer der Unausweichlichkeit des Todes
gibt es im Leben keine uneingeschränkte Sicherheit,
sondern nur mehr oder weniger
hohe Wahrscheinlichkeiten.

Wir bewegen uns auf unserem Lebensweg
immer auf einem Boden,
der nicht völlig sicher ist.
Schon morgen kann uns ein bitterer Verlust treffen,
eine schmerzhafte Enttäuschung widerfahren,
eine schreckliche Nachricht erreichen.

Ich habe gelernt,
die allumfassende Unsicherheit
der Existenz zu akzeptieren,
ohne mir dadurch
meine Lebensliebe stehlen zu lassen.
Denn auch das Ungewisse,
stets Gefährdete ist liebenswert –
vielleicht sogar noch mehr als das,
was gänzlich sicher wäre.

Die Bedeutung des Schweigens

Wir leben in einer Welt voller Wörter.
Die Medien senden sie in alle Häuser.
Wo auch immer Menschen sich begegnen,
produzieren sie Unmengen von Wörtern.
In dieser verbalen Überproduktion
ist die Bedeutung des Schweigens,
der Stille in der Kommunikation,
so gut wie verlorengegangen.

Doch gerade dort,
in der miteinander geteilten Stille,
im gemeinsamen Schweigen,
liegen die größten Schätze,
die wir uns schenken können.

Worte können Masken sein,
hinter denen man verstecken kann,
was man fühlt oder denkt.
Im Schweigen ist man authentisch,
denn das Schweigen kann sich nicht verstellen,
kann nicht lügen.

Will man das wahre Wesen
eines Menschen erkennen,
genügt es nicht, mit ihm zu sprechen –
man muß mit ihm schweigen.

Der dritte Weg

Wenn ich nicht weiß,
welchen von zwei Wegen ich wählen soll,
weil beide mir als zweifelhaft
oder falsch erscheinen,
suche ich mit Phantasie und Intuition
nach einem dritten Weg,
der mich aus den Zweifeln führen kann.
Wenn ich genügend Geduld,
Mut und Hoffnung aufbringe,
wird das Leben mir irgendwann
einen Wegweiser schicken.
Ein unverhofftes Ereignis,
das den Nebel um mich herum auflöst.
Einen nächtlichen Traum, der mir die Augen
für meinen seelischen Standort öffnet.
Einen Menschen,
der meine wichtigste Frage ohne Worte beantwortet.

Ich darf nie zu früh aufgeben.
Geduldige, ausdauernde Zuversicht ist eine Kraft,
die scheinbar Unmögliches möglich machen kann.
Doch auch sie hat ihre Grenzen,
denn manches Mögliche will nicht wirklich werden.

Dies muß ich akzeptieren,
so schwer es auch fallen mag.

Vom Umgang mit Verlusten

Eine der schwierigsten Aufgaben im Leben
ist der Umgang mit bitteren Verlusten,
die niemandem erspart bleiben.
Nichts von dem, was uns geschenkt wurde
oder was wir uns erarbeitet haben, ist uns sicher.
Alles kann uns genommen werden –
geliebte Menschen, Hoffnungen und Träume,
Gesundheit und Vermögen.
Traurigkeit und Enttäuschung, Wut und Verzweiflung
sind natürliche Reaktionen auf Verluste,
die wir erleiden.
Doch wenn wir zu lange
in Trauer und Bedrückung verharren,
berauben wir uns der Kraft, die wir brauchen,
um uns mit unserem Unglück abzufinden,
uns mit unserem Schicksal zu versöhnen.

So leicht es gesagt und so schwer es getan ist:
Wir haben erst dann wieder eine Zukunft,
wenn wir selbst die schmerzlichsten Verluste
als einen Teil unserer Vergangenheit betrachten,
als Lektionen, die uns gelehrt haben,
daß alle Dinge im Leben – wie das Leben selbst –
nur Leihgaben sind,
die uns von heute auf morgen
entzogen werden können.

Manche Knospen werden nie zu Blüten

Wenn ich etwas Wertvolles zwischen mir
und einem anderen Menschen erkenne,
tue ich mein Bestes,
damit es sich entfalten kann –
und hoffe, daß mein Bestes gut genug ist.

Ich weiß allerdings,
daß manches Wertvolle
sich nicht entfalten kann –
etwa aufgrund widriger Gegebenheiten,
die sich nicht ändern lassen.
Mein Gespür für Möglichkeiten
macht mich nicht blind gegenüber Wirklichkeiten.

Wenn ich erkannt habe,
daß meine Beziehung zu einem anderen Menschen
sich nicht in dem ihr möglichen Maß entfalten kann,
sondern immer ein Schatten
ihrer selbst bleiben wird,
gebe ich meine Hoffnung auf.

Manche Knospen werden nie zu Blüten.
Ich habe gelernt,
mit dieser traurigen Wahrheit zu leben,
ohne mir von ihr meine Lebensfreude
und Aufgeschlossenheit nehmen zu lassen.

Nicht zu viel erwarten

Ich will nicht zu viel
von einem Menschen
oder einer Situation erwarten.
Die zu hohe Erwartung
schafft oft das Problem –
das Unverhoffte kann die Lösung bringen.

Ich lasse den Menschen und Situationen
einfach ihre Freiheit und versuche nicht,
ihnen meinen Willen aufzuzwingen.

Und ich erlebe immer wieder,
daß Dinge geschehen,
die schöner sind,
als mein Wille
sie sich hätte vorstellen können.

Der Weg der Liebe

Der Weg der Liebe

Offenheit und Nähe, Harmonie und Zärtlichkeit
sind Oasen in der zwischenmenschlichen Wüste.

Zwei Menschen,
die auf den Weg der Liebe zueinander
gefunden haben,
gleichen Blüten am kahlen Baum
der allgemeinen Lieblosigkeit.
Sie können ein Feuer entzünden,
das sie wärmt, beglückt und erfüllt –
und die Kälte und innere Leere
ihrer Umgebung vergessen läßt.

Wenn zwei Menschen
durch den Zauber der Liebe innerlich aufblühen,
kann man den Blütenduft riechen,
wenn man ihnen nahekommt;
man kann die Blütenpracht sehen,
wenn man ihnen in die Augen schaut;
man kann die Schönheit spüren,
wenn man ihnen sein Herz öffnet.

Sie können Licht in die Seele eines jeden bringen,
der sich mit ihnen über ihr Glück freut.

Liebe ist Heimat

Der Weg der Liebe
ist kein leichter Weg in einer Welt,
in der die Liebe oft mit Skepsis beäugt,
mit Sexualität verwechselt,
von Ängsten behindert oder verhindert –
und nicht selten sogar gänzlich geleugnet,
als Wunschvorstellung naiver Seelen abgetan wird.

Wer Liebe schenkt,
setzt sich schnell dem Verdacht aus,
daß er sie nur gibt, um Liebe zu bekommen.
Daß Geben von Liebe gleichzeitig
ein Empfangen von Liebe ist,
daß der Schenkende sich also selbst beschenkt,
ist eine nicht allzu bekannte Erfahrung.

Die Liebe ist eine Fremde
in einer von Profitstreben und Zweckdenken,
von Technik und Sachlichkeit beherrschten Welt,
sie hat keine Heimat in ihr –
braucht sie aber auch nicht,
denn sie ist sich selbst Heimat.

Und wer sich nur einmal
mit ganzer Seele der Liebe hingegeben hat,
für den ist sie Heimat bis ans Ende seiner Tage.

Das Glück der Selbstvergessenheit

Zu großer Egoismus
schließt jede höhere Form der Zweisamkeit aus.

Wer im Umgang mit anderen Menschen
zu sehr auf seinen eigenen Vorteil bedacht ist,
ist unfähig zur Pflege und Entfaltung wertvoller,
wesentlicher Kontakte,
die immer wieder ein gewisses Maß
an Selbstvergessenheit erfordern.

Wer, wenn es darauf ankommt,
das »Wir« nicht über das »Ich« stellen kann,
wird keine wahre Freundschaft
oder tiefe Liebe erfahren.

Er bleibt in den engen Mauern
seiner Ichbezogenheit gefangen
und kann das grenzenlose Glück
der Selbstvergessenheit nicht erleben.

Gutes erwidern

Ich will die Freundschaft oder Liebe,
die jemand für mich empfindet,
nie für selbstverständlich halten.

Ich weiß,
sie kann mir von heute
auf morgen entzogen werden,
wenn ich mir ihres hohen Wertes
nicht bewußt bin
und den Menschen,
der sie mir schenkt,
zu sehr oder zu oft mißachte oder verletze.

Alles Kostbare,
das ein anderer Mensch mir gibt,
kann sich nur dann ganz entfalten,
wenn ich seinen besonderen Wert erkenne
und Gutes mit Gutem erwidere.

Oder noch besser – mit Besserem.

Kein Hindernis

Nichts im Leben ist dauerhaft.
Auch nicht die Gefühle,
die ich für einen geliebten Menschen empfinde.
Es kann passieren,
daß sie mit der Zeit nachlassen
und vielleicht sogar erlöschen.

Dennoch, oder gerade deshalb,
will ich für meine guten Gefühle leben,
zu ihnen stehen und in ihnen aufgehen.

Selbst die kräftigsten Farben verblassen,
selbst die wärmsten Emotionen
können sich mit der Zeit abkühlen.

Aber das soll mich nicht daran hindern,
meine Gefühle zu leben,
solange sie leben.

Von Erfahrung und Mut

Ich schenkte einem Menschen
mein Vertrauen und meine Liebe.
Ich hoffte,
daß er mich nicht verletzen oder enttäuschen würde.
Ich konnte nur herausfinden,
ob er mein Vertrauen verdiente,
indem ich mutig genug war,
es ihm zu schenken.
Doch mein Mut wurde nicht belohnt –
ich wurde enttäuscht und verletzt.

Dann kam ein anderer Mensch in mein Leben,
der mir liebenswert erschien.
Ich zögerte, ihm mein Vertrauen zu schenken –
aus Furcht, ein weiteres Mal verletzt zu werden.

Doch die Stimme meiner Seele riet mir:
»Du mußt es erneut wagen!
Denn wer sich für immer verschließt,
aus Angst, ein weiteres Mal enttäuscht zu werden,
mag sich für lebensklug halten –
doch im Grunde ist er nur
skeptisch und ängstlich geworden.
Und das Feuer der Liebesfähigkeit
in seiner Seele wird erlöschen,
wenn er seine Angst nicht rechtzeitig überwindet.«

Eine magische Kraft

Wer die Liebe nicht anbetet,
hat noch nicht gelebt.

Liebe kommt zu dem, der liebt.
Freude schenkt sich dem, der Freude gibt.
Schönes begegnet dem, der Schönheit ausstrahlt.
Die Liebe meidet den Lieblosen.
Die Freude macht einen Bogen um den Freudlosen.
Die Schönheit scheut die Menschen,
die sie nicht selbst in sich tragen.

Liebe ist eine magische Kraft,
die mich zu einem neuen,
besseren Menschen machen kann.
Sie führt mich aus dem Alltagsnebel
ins Wunderbare,
wo Traum und Wirklichkeit
zu einem höheren Sinn verschmelzen,
dessen Zauber mich mit Glückseligkeit erfüllt.

Seelenverwandte

Meine engsten Vertrauten sind Menschen,
die meine Sehnsüchte, Neigungen
und Leidenschaften mit mir teilen –
sei es der Genuß schöner Musik und guter Bücher,
die Bewunderung malerischer Landschaften
oder die Begeisterung für gemeinsame Ideen,
Ideale und Überzeugungen.
Es sind Menschen, die ähnlich
oder genau wie ich empfinden –
und mit denen ich mich auch ohne Worte verstehe.

Auch wenn es nicht zu Unrecht heißt,
daß Gegensätze sich anziehen,
stoßen sie sich früher oder später auch wieder ab,
während Gemeinsamkeit im Empfinden
und Erleben Dauerhaftigkeit stiftet.

Ich betrachte die Menschen,
die mir am nächsten stehen,
als meine Seelenverwandten.
Der Sinn dieser kostbaren Verbindungen
besteht darin,
sich gegenseitig zu beschenken, zu inspirieren –
– und den Weg der Liebe Hand in Hand zu gehen.

Mehr Liebe geben

Wenn ich das Gefühl habe,
daß ich nicht genug geliebt werde,
will ich die Schuld daran nicht denen geben,
die meine Liebenswürdigkeit nicht erkennen,
sondern mich fragen, was ich falsch mache.
Bin ich so offen und liebevoll,
wie ich es mir von ihnen erwünsche?
Ich kann nicht mehr erhoffen,
als ich selbst fähig bin zu geben.

Meine innere Stimme sagt mir:
»Wenn du dich nach Liebe sehnst,
warte nicht darauf, daß du geliebt wirst.
Liebe einfach!
Wenn der Egoismus
anderer Menschen dich enttäuscht,
sei selbst weniger egoistisch,
damit dein Egoismus
andere Menschen nicht enttäuscht.
Sei zu den anderen so,
wie du dir wünschst,
daß sie zu dir sein sollen.«

Die Magie des Anfangs

Der Anfang einer Liebe
ist von größter Bedeutung,
allein schon deshalb,
weil sie noch keine Vergangenheit hat.
Noch ist kein Vertrauen geschädigt,
keine Hoffnung enttäuscht,
kein Gefühl verletzt worden.

Darum will ich sehr achtsam und behutsam
bei meinen ersten Begegnungen
mit einem Menschen sein,
der mir einmal viel bedeuten könnte –
will sensibel mit ihm umgehen,
damit sich keine Tür verschließt,
die sich später vielleicht nicht mehr öffnen läßt.

In jedem Anfang wirkt eine Magie,
die nicht gestört oder zerstört werden darf,
denn sie kann mir
die schönsten Erfahrungen meines Lebens schenken.

Lieben in Freiheit

Ich will täglich versuchen,
mein Leben mit Liebe,
Freude und Schönheit zu füllen,
denn ein Tag ohne Glücksgefühle
ist ein armseliger Tag.
Ich will so innig wie möglich lieben,
aber dabei die Freiheit des anderen respektieren,
wie ich mir von ihm wünsche,
daß er meine Freiheit achtet.
Denn nur in der Atmosphäre der Freiheit
können wirkliche Liebe und Freundschaft wachsen.

Ich werde mir immer treu bleiben,
vor allem den Menschen gegenüber, die ich liebe.
Die Liebe will nicht, daß ich mich verstelle,
sondern mich so zeige, wie ich bin.
Was kann mir schon eine Zuneigung geben,
die nicht mir gilt,
sondern der Rolle, die ich spiele?

Früher oder später
wird jedes Schauspiel durchschaut.

Die falsche Einstellung

Warum scheitert die Liebe so oft,
warum gehen so viele Beziehungen zugrunde,
warum werden so viele Ehen geschieden?
Wohl nicht,
weil Männer und Frauen
von Natur aus so unterschiedlich sind,
wie manche Menschen uns weismachen wollen.
Die menschliche Seele hat kein Geschlecht.

Es ist nicht die Verschiedenheit,
sondern eher eine Gemeinsamkeit
von Männern und Frauen,
die ihre wertvollsten Gefühle füreinander
immer wieder gefährdet und oft zerstört:
die Einstellung, mehr Liebe zu erwarten,
als man selbst bereit oder fähig ist zu geben.

Kein Wunder,
daß die Liebe sich dieser Haltung verweigert,
denn sie kann sich nur im Gleichgewicht
zwischen Geben und Empfangen entfalten.

Mosaiksteine

Die Lebenserfahrung lehrt,
daß jede Phase einer Liebesbeziehung ihr Gutes hat,
und es liegt an uns zu genießen,
was sie uns schenkt.

Der Rausch der Verliebtheit
endet früher oder später in Ernüchterung,
wie jeder Rausch.
Wenn die Verliebten diese Ernüchterung überstehen
und zum Vertrauen sich die Vertrautheit gesellt,
entfaltet sich eine andere Form der Nähe
mit ihren eigenen Qualitäten,
die wiederum dem Wandel unterworfen sind.

Und nach und nach entsteht
aus den Mosaiksteinen der Wochen,
Monate und Jahre
das Bild einer gänzlich gelebten Liebe.

Die Magie der Liebenden

Zwei Menschen,
die sich offen in die Augen sehen
und sich dabei ein Lächeln schenken,
das aus der Seele kommt,
können einen Zauber erleben,
der ihr Zusammensein mit tiefer Harmonie
und Schönheit erfüllt.
Ihre Freude aneinander
steigert ihre Freude am Leben.
Die Magie, die sie erwecken,
stillt ihre Sehnsucht nach dem Wunderbaren
und gibt ihnen die Kraft,
Stunden und Tage zu überstehen,
die sie mit Belastungen und Problemen überhäufen.

Sie wissen,
daß sie sich immer wieder
neue Energie geben können –
die in ein Lächeln mündet,
das von tief innen kommt.

Wahrer Reichtum

Ruhm, Geld und Macht –
was sind sie
gegen den überwältigenden Zauber der Liebe,
der uns erfüllen
und wunschlos glücklich machen kann?

Der Berühmte will immer berühmter werden,
der Mächtige immer mächtiger,
der Reiche immer reicher.
Sie sind Opfer
eines unstillbaren Verlangens nach mehr,
das sie nicht in Frieden läßt.

Das wunschlose Glück der Liebenden
genügt sich selbst,
gibt ihnen Freude, Erfüllung, Dankbarkeit.
Und dies ist wahrer Reichtum.
Nur die Liebe kann ihn uns schenken.

Dafür müßten wir sie eigentlich
in den Himmel heben.
Doch wir brauchen sie dringend auf der Erde.

Liebe ist allumfassend

Gibt es ein wirksames Medikament
gegen die Eifersucht?
Wenn überhaupt, dann die
in Fleisch und Blut übergegangene Erkenntnis,
daß kein Mensch einen anderen besitzen kann
und niemand das Recht hat,
jemandem die Begegnung
mit anderen Menschen zu erschweren,
geschweige denn sie zu verhindern.

Eifersucht ist ein mächtiger Dämon,
aber er ist nicht unbesiegbar.
Ich muß ihm nicht gehorchen,
wenn er mich zwingen will,
die Freiheit des anderen zu beschneiden.

Wer nur die Bäume in seinem Garten liebt,
liebt nicht die Bäume, sondern ihren Besitz.
Wer nur die Menschen liebt,
die er kontrollieren kann,
liebt nicht jene Menschen,
sondern seine Macht über sie.

Liebe gewährt Freiheit.
Einschränkende Liebe
ist eine Form der Eigenliebe.

Wahre Freundschaft

Mein Freund ist ein seelischer Verwandter,
den ich – und der mich – als solchen erkannt hat.
Uns verbindet eine gemeinsame Art
des Empfindens und Denkens,
wir fühlen uns gut miteinander.
Mit wachsender Vertrautheit
wächst auch unser Vertrauen ineinander.
Mein Freund läßt mich vergessen,
wieviel Unfreundlichkeit, Kälte und Distanz
zwischen den Menschen herrscht.
Er erinnert mich immer wieder daran,
wieviel Freundlichkeit, Wärme und Nähe
zwischen zwei Menschen möglich ist.
Freunde beschenken sich gegenseitig
mit ihrem bloßen Zusammensein.
Ob sie miteinander reden oder schweigen:
Sie schaffen einen freien Raum,
eine eigene Welt, in der Gutes und Wertvolles
entstehen und geschehen kann.

Einen wirklichen Freund kann ich nicht verlieren,
denn unsere seelische Zusammengehörigkeit
führt uns immer wieder zueinander.
Freunde, die ich verloren habe,
waren keine Freunde, sondern nur Wegbegleiter.
Die Wege wahrer Freunde trennen sich nicht.

Das Licht durch das Dunkel tragen

Die Menschheit hat
einen langen Entwicklungsweg hinter sich,
doch in der Liebe tritt sie auf der Stelle.

Dabei gibt es nichts Wichtigeres
als die Entwicklung der Liebesfähigkeit,
denn nur wer lieben kann, kann auch wirklich leben.

Die Liebe ist ein magisches Licht
in unserer entzauberten Welt,
eine Oase in der Wüste des Eigennutzes,
sie kann verzweifelte, gekränkte Seelen heilen.

Ich will in dieser Welt leben,
ohne mich von ihrer lieblosen Atmosphäre
anstecken zu lassen.
Mehr noch:
Ich will versuchen, das Licht der Liebe
durch die Dunkelheit des Weltgeschehens zu tragen.

Die Flügel der Liebe

Ohne die Entfaltung der Liebesfähigkeit
bleibt die Lebenskunst unentwickelt.

Nur wer das Leben
mit liebenden Augen betrachtet,
erkennt seinen verborgenen Sinn,
seinen versteckten Reichtum,
seine unsichtbare Schönheit.

Ich bete die Liebe an,
denn ich weiß:
Nur wer tief lieben kann,
der kann auch tief leben.

Und nur wer tief
in das Meer des Lebens tauchen kann,
versteht es auch,
hoch in seinen Himmel zu fliegen –
mit den Flügeln,
die ihm die Liebe verleiht.

Die Zuversicht nicht aufgeben

Ich zeige dem Menschen,
der mein Herz berührt und geöffnet hat,
was ich für ihn empfinde.
Ich zeige es ihm mehr als einmal,
damit er erkennen kann,
daß mir viel an ihm gelegen ist.
Ich gebe ihm die Chance,
mir zu offenbaren,
was er für mich empfindet.

Ich gebe ihm mehrere Chancen.

Wenn er keine davon nutzt,
gebe ich meine Hoffnung auf –
aber nicht die Zuversicht,
daß mir irgendwann
ein anderer Mensch begegnen wird,
auf den es sich gelohnt hat zu warten.

Denn wo sich eine Tür schließt,
öffnet sich unbemerkt eine andere.

Ein guter Verlierer sein

Da ich die Liebe verehre
und keine ihrer Einladungen ausschlage,
bleibt mir das Leid nicht erspart,
das die Liebe nicht selten erzeugt.

Ich weiß jedoch,
daß ich dem Liebeskummer
nicht hilflos ausgeliefert bin,
sondern ihn besiegen oder zumindest lindern kann.
Etwa, indem ich alles daransetze,
einen Ausweg aus einer
hoffnungslos scheinenden Lage zu finden;
oder indem ich die tatsächliche Hoffnungslosigkeit
einer Situation erkenne und akzeptiere.

Ich will ein guter Verlierer sein,
weil ich weiß, daß in der Liebe
auch Wertvolles zum Scheitern verurteilt ist.

Ich nehme das Pech des Scheiterns hin,
ohne mir dadurch die Fähigkeit rauben zu lassen,
das Glück des Gelingens zu genießen.

Selbstliebe und Egoismus

Es gibt einen prinzipiellen Unterschied
zwischen der Selbstliebe und dem Egoismus.

Nur wer mit sich selbst in Liebe lebt,
kann auch anderen Liebe geben.
Wer sich nicht so annimmt, wie er ist,
wird auch an anderen
immer etwas auszusetzen haben.
Er wird sie ablehnen,
weil er sich selbst nicht akzeptieren kann.

Deshalb ist die Liebe zu sich selbst
die Basis der Liebe zu anderen Menschen.

Der Egoist liebt sich zwar auch,
aber er will keine Liebe geben,
er will nur geliebt werden.
Er ist der Star,
die anderen sind nur das Publikum.
Und wer ihn auspfeift,
den sortiert er aus.

Keine Grenzen ziehen

Schickt das Schicksal mir einen Menschen,
der für mich wertvoll werden könnte,
darf ich ihn nicht dadurch abschrecken,
daß ich von vornherein Grenzen
zwischen ihm und mir ziehe,
auf welcher Ebene auch immer.
Gerade wenn er wirklich daran interessiert ist,
mich kennenzulernen,
wird meine Weigerung,
ihm bestimmte Bereiche meines Wesens zu öffnen,
sein Interesse an mir reduzieren oder zerstören.

Wer möchte schon gern
eine seelische Landschaft erkunden,
in der ihm schon bei den ersten Schritten
ein Verbotsschild oder ein Zaun zeigt,
daß er es mit einem Menschen zu tun hat,
den die Angst
vor einer grenzenlosen Begegnung plagt?

Töchter derselben Mutter

Es ist eine weitverbreitete Überzeugung,
daß es keine Freundschaft mehr auf der Welt gäbe,
wenn Freunde sich gegenseitig sagen würden,
was sie voneinander denken – also die Wahrheit.
Aber eine Freundschaft,
die immer neuer Lügen bedarf,
um sich zu erhalten,
hat ihren Namen nicht verdient.

Wirkliche Freundschaft
erträgt die Wahrheit nicht nur,
sie braucht sie sogar zu ihrer Entfaltung.
Wer seinem Freund nicht offen sagen kann,
was in seinem Kopf und seinem Herzen vorgeht,
hat keinen Freund, sondern nur einen Bekannten.

Und was für die Freundschaft gilt,
trifft ebenso für die Liebe zu,
denn Freundschaft und Liebe
sind zwei Töchter derselben Mutter,
deren Name Aufrichtigkeit ist.

Im Zauber der Stille

Im Bann der Stille
lichtet sich der Nebel der Oberflächlichkeit,
und ich erkenne die eigentlichen Verhältnisse.

Nichts kann mit Worten gegeben werden,
das der Bedeutung der Stille gleichkommt.

Ich kann ein Teil von ihr werden,
wenn ich mich ihr nähere –
mit Behutsamkeit, Hingabe und Liebe.

Liebe und Stille haben etwas Gemeinsames:
Sie können mir zur Selbstvergessenheit verhelfen.

Im Zauber der Liebe und Stille
steigt mein Empfinden in etwas Größeres,
Höheres auf,
in eine Welt voller Schönheit und Harmonie,
die der Verstand nicht verstehen
und die Worte nicht benennen können.

Das innere Lächeln bewahren

Die Seele leidet und verarmt,
wenn es ihr an Freude
und Genuß mangelt.

Deshalb will ich
die Schönheiten des Lebens genießen,
seine Freuden tief einatmen
und lächelnd auf den Wellen der Lebenslust reiten.

Ich will mein Leben so führen,
daß mir das innere Lächeln nicht verlorengeht.

So bleibe ich anziehend und liebenswürdig.
Und die Liebe,
die ich erwecke, hilft mir,
liebenswert zu bleiben.

Mehr Gutes geben

Wir schulden uns Verständnis,
Mitgefühl und Zärtlichkeit,
aber haben dies offensichtlich vergessen.
Wir beweisen Egoismus und Durchsetzungsvermögen
und vergrößern damit unsere Unterlassungsfehler.
Wir streiten über Dinge,
die wir mit einem Schmunzeln abtun sollten.

Wer unser aller Zusammenleben verbessern will,
muß bei sich selbst anfangen,
muß sich selbst verbessern.
Nichts ist überzeugender als ein lebendiges Beispiel.
Nichts inspiriert uns
so sehr zur Liebe wie ein Liebender.
Nichts erweckt unser Mitgefühl so gut
wie ein mitfühlender Mensch.
Nichts macht uns so zärtlich
wie eine zärtliche Hand.

Je mehr Gutes wir geben,
desto mehr Gutes werden wir empfangen.
Je mehr Gutes wir empfangen,
desto mehr Gutes werden wir geben.

Die Weisheit der Seele

Die Weisheit der Seele

»Die Gedanken sind frei«,
doch nur innerhalb der Grenzen des Denkens.
Die höchsten,
wirklich befreienden Wahrheiten
liegen jenseits der Verstandesgrenzen.
Nur die Seele kann sie erkennen,
im strahlenden Licht ihrer Weisheit,
gegen das der Verstand
wie eine Kerzenflamme wirkt –
eine Flamme, die sich
in maßloser Selbstüberschätzung
für eine Sonne hält.

Darum will ich mich meines Verstandes bedienen,
wenn es angebracht ist,
aber mich nie zu seinem Diener machen lassen,
sondern in wesentlichen Fragen des Lebens
auf die Stimme meiner Seele hören.

Dem Leben vertrauen

Das Leben lebt von seiner ständigen Erneuerung.

Wie die Schlange von Zeit zu Zeit
ihre alte Haut abstreift,
muß ich mich in bestimmten Lebensphasen
von meiner seelischen Haut befreien,
um mich weiterentwickeln zu können.
Wenn ich zögerlich am Alten festhalte,
laufe ich Gefahr,
daß das Leben nicht lange auf mich wartet
und seine Hand einem anderen reicht,
der bereit ist,
das Revier seiner Gewohnheiten zu verlassen,
um sich neuen Empfindungen
und Erfahrungen zu öffnen,
sich dem Unbekannten, Unwägbaren zu stellen.

Also werde ich,
wenn die Zeit gekommen ist,
die Vergangenheit loslassen
und dem Leben vertrauen,
wenn es mich dazu einlädt,
ihm ins Herz der Gegenwart zu folgen –
auch wenn ich nicht wissen kann,
was die Zukunft bringt.

Die Nahrung der Seele

Ebenso wie der Körper braucht die Seele
gute und vielfältige Nahrung,
um sich gesund und wohl zu fühlen.
Schlechte oder einseitige Ernährung schadet ihr
und führt zu Mangelerscheinungen,
die sich in einem Gefühl innerer Leere,
in Lustlosigkeit, Schwäche
und Betrübtheit manifestieren können.

Ich bemühe mich, meiner Seele gute,
abwechslungsreiche Nahrung zuzuführen.
Auf meinem psychischen Speiseplan steht alles,
was mich inspiriert, bewegt,
fasziniert und entzückt:
Musik, Bücher, Spaziergänge, Reisen –
und kostbare Begegnungen mit anderen Menschen
in einer vertrauensvollen, warmen Atmosphäre.

Ich reduziere Begegnungen, bei denen
nichts weiter als Worte ausgetauscht werden,
soweit wie möglich,
während ich Beziehungen suche und liebe,
bei denen die Sprache in den Hintergrund tritt,
um einer Stille zu weichen,
in der die Seelen miteinander tanzen
und sich gegenseitig wertvolle Nahrung schenken.

Die Quelle fließt

Es fließt eine Quelle in meiner Seele,
aus der ich nur trinken muß,
um mein inneres Lächeln nicht zu verlieren.
Diese Quelle versiegt nie.

Und wenn es mir so erscheint,
daß sie versiegt ist,
liegt es allein daran,
daß ich den Weg zu ihr nicht finde,
weil ich mich verirrt habe in einer Enttäuschung,
einem Mißgeschick, einem Unglück.

Doch ich will mich nicht
vom Schein trügen lassen.
Die Quelle fließt –
unabhängig davon,
wohin es mich verschlagen hat,
und wenn die Zeit reif ist,
werde ich den Weg zu ihr
und meinem inneren Lächeln wiederfinden.

Die Schönheit des Geheimnisvollen

Ich weiß,
daß ich mir manchen Impuls
meiner Seele nicht erklären,
ihn nicht in Worte fassen kann –
ihm aber dennoch folgen muß.

Im Spiel des Lebens gibt es nicht nur offene,
sondern auch verdeckte Karten,
die ich ziehe und spiele,
weil meine Intuition mir dazu rät,
und deren Wert ich oft erst später,
manchmal Jahre später erkenne oder erahne.

Das Geschehen zu erleben,
zu dem es mich gezogen hat,
ist mir wichtiger,
als es zu verstehen, zu erklären.

Vieles im Leben ist mysteriös,
und oft ist gerade das Geheimnisvollste
auch das Schönste und Kostbarste.

Die Begeisterungsfähigkeit nicht verlieren

Ich will meine Begeisterungsfähigkeit
niemals verlieren,
denn sie gibt meinem Leben Freude,
Schwung und Farbe.

Wie grau ist das Innenleben eines Menschen,
der nichts Inspirierendes an sich heranläßt,
dessen Augen nicht strahlen können,
dessen Herz vor Freude nicht aufgehen kann?

Ich will mich immunisieren
gegen die Viren
der Verschlossenheit und Gleichgültigkeit,
um mich empfänglich zu halten
für alles Gute und Schöne,
das mir das Leben anbietet.

Und ich will es teilen, weitergeben,
damit es auch andere inspiriert und erfreut.
Meine Begeisterung soll ansteckend sein,
wie das Lachen mancher Menschen.

Indem ich Gutes schenke,
steigere ich seinen Wert und seine Wirkung.

Sein eigener Freund sein

Ich will stets mit mir selbst
auf gutem Fuße stehen,
mein eigener Freund sein –
und dadurch weitgehend unabhängig
von der Zuneigung oder Ablehnung anderer bleiben.

Ich kann dem Alleinsein,
das ich nicht als Einsamkeit empfinde,
mehr abgewinnen
als oberflächlichem Zusammensein mit anderen.

Lieber bin ich mit mir
als unter Menschen,
zu denen ich kein Vertrauen,
keine innere Nähe empfinde.
Lieber verzichte ich,
als etwas zu nehmen,
das ich nicht wirklich will.

Die Kraft des Humors

Ich will mich nicht allzu sehr ernst nehmen,
wenn ich einmal
einen rabenschwarzen Tag erwischt habe,
an dem die ganze Welt
sich gegen mich verschworen zu haben scheint,
sondern meine Situation
mit humorvollem Blick betrachten.
Und ich werde vielleicht erkennen,
daß die Lage gar nicht so schlimm –
und der Tag noch nicht verloren ist.

Humor,
der vor der eigenen Person nicht haltmacht,
ist eine befreiende und hilfreiche Kraft.

Wenn ich über mich selbst schmunzeln
oder sogar lachen kann,
habe ich die Chance,
auch einem schlechten Tag
etwas Gutes abzugewinnen.

Die Bedeutung der Leichtigkeit

Lebenskunst erfordert
ein gewisses Maß an Leichtigkeit,
die manchen in die Wiege gelegt ist,
während andere sie erlernen müssen –
Leichtigkeit im Umgang mit sich selbst,
mit den anderen, mit dem Leben.

Diese Leichtigkeit darf nicht mit Leichtsinn
oder Leichtfertigkeit verwechselt werden.
Sie ist Schwerelosigkeit,
wo keine Schwere nötig ist;
sie ist Mühelosigkeit,
wo keine Mühe erforderlich ist.
Sie ist Ausdruck einer seelischen Perspektive,
dank der das Leben
trotz seiner Paradoxien und Absurditäten
als ein Spiel erscheint,
das nur soviel Ernst in sich trägt,
wie ich ihm verleihe:
ein rätselhaftes, undurchschaubares Spiel,
dessen Dramen und Tragödien
ich auf die leichte Schulter nehmen muß,
um nicht unter ihrer Last
eine gebeugte seelische Haltung einzunehmen.

Ohne Berechnung schenken

Menschen können sich viel Gutes,
viel Wunderbares schenken.

Aber manche wissen nicht,
was Schenken heißt.
Sie geben aus Berechnung.
Ihre Präsente sind eine Form von Bestechung.
Und wenn sie keine Gegenleistung erhalten,
können sie unangenehm werden.

Wer wirklich schenkt,
folgt einer Regung seiner Seele
und erwartet kein Gegengeschenk.
Er gibt aus Freude am Geben.
Und seine Großzügigkeit
macht ihn seelisch immer reicher.

Manchmal erscheint es mir,
als würde das Leben mir alles Gute,
das ich anderen Menschen
geschenkt habe,
in irgendeiner Weise zurückgeben.

Sich eine Gegenwelt schaffen

Wir leben in einer Welt,
in der Menschen
als Verbraucher bezeichnet werden,
in der die Unwahrheit gilt,
daß Zeit Geld sei,
und in der Liebe ein Wort ist,
das häufig benutzt,
aber selten verstanden wird.

Wer so nicht leben will,
muß sich eine Gegenwelt schaffen,
in der Menschen
als Menschen bezeichnet werden,
in der die Wahrheit gilt,
daß Zeit Freiheit ist,
und in der Liebe ein Wort ist,
das nicht nur verstanden,
sondern auch gelebt wird.

Auf die innere Stimme hören

Jeder hat eine innere Stimme,
die er hören kann,
wenn er es ganz still in sich werden läßt.
Was sie sagt, ist immer richtig,
auch wenn es manchmal falsch verstanden wird.

Wer seiner inneren Stimme nicht folgt,
ist schlecht beraten,
auch wenn sie ihm Ratschläge gibt,
die ihm nicht gefallen,
die ihm als unvernünftig erscheinen.
Sie sieht die Dinge
von einer höheren Warte aus als der Verstand,
auch wenn er dies naturgemäß nicht versteht,
weil er sich auf der höchsten Warte wähnt.

Der zweifelnde Verstand
hat schon viele Menschen
von einem guten Weg abgebracht,
auf den ihre innere Stimme sie führen wollte.
Die Skepsis gegenüber
der eigenen seelischen Weisheit
ist eines der größten Hindernisse
auf dem Weg der Lebenskunst.

Tage der Schwäche akzeptieren

Wie nicht immer
die Sonne scheinen kann,
kann ich nicht immer die Kraft haben,
die ich gern hätte.

Es gibt Tage der Müdigkeit,
Mattheit und Schwäche.
Warum sollte ich darüber betrübt sein?
Der Körper will seine Ruhe,
und er ist oft klüger als der Kopf.

Also füge ich mich der Schwäche,
schließe die Augen
und lasse mich in die Ruhe sinken.

Und mehr und mehr
sinkt die Ruhe in mich –
und gibt mir neue Kraft.

Vom Umgang mit Krankheiten

Wie jeder Mensch fürchte ich Krankheiten
und tue mein Bestes,
ihnen vorzubeugen
oder mich vor ihnen zu schützen.

Wenn ich dann doch erkranke,
versuche ich,
die damit verbundenen Unannehmlichkeiten
zu akzeptieren und durchzustehen,
ohne mich allzu sehr zu bemitleiden.
Und ich bemühe mich, die durch
meine Krankheit erzwungene Bettlägerigkeit
und körperliche Ruhe zu etwas Gutem zu nutzen:
zum Lesen, zum Nachdenken oder Tagträumen.
Und wenn Schmerzen mich daran hindern,
kämpfe ich nicht gegen sie an, weil ich weiß,
daß ich sie nicht besiegen kann,
sondern sie ertragen und erleiden muß,
bis sie sich von selbst zurückziehen.
Dabei helfen mir Geduld und Gelassenheit –
und Hoffnung auf Heilung und Genesung.

Und bin ich dann gesundet,
genieße ich das Leben um so mehr,
denn ohne die Last der überstandenen Krankheit
kommt es mir wunderbar leicht vor.

Die Sonne der Seele

Die Sonne der Seele strahlt immer.
Ihr Himmel kennt keine Wolken.

Wenn ich sie nicht spüre,
wenn ich innerlich friere,
weil mir ihre Wärme fehlt,
liegt es daran,
daß ich mich zu lange
im kühlen Haus des Verstandes aufgehalten habe.

Aus diesem herauszutreten,
heißt nicht, den Verstand aufzugeben
oder ihn zu verlieren,
sondern sich für eine Weile
von seinen Schranken zu befreien.

In der freien Landschaft der Seele,
wo das Denken nicht mehr
das Maß aller Dinge ist,
scheint immer die Sonne,
ist es immer warm.

Ich will versuchen,
mich sooft wie möglich dort aufzuhalten,
denn hier ist meine Heimat.

Die Kunst des Unterlassens

Im Leben eines jeden Menschen
gibt es Unglücksfälle,
Pechsträhnen und Dramen jeder Art und Größe,
die selbst den Stärksten
in die Verzweiflung treiben können.
Und nichts und niemand kann ihm helfen –
auch nicht er selbst.
In solchen finsteren, bitteren Zeiten
versagen sogar seine besten Eigenschaften:
seine Lebenskraft, seine Leichtigkeit,
seine Gelassenheit, seine Weisheit –
und er fühlt sich machtlos, hilflos,
von den Schlägen des Schicksals
gnadenlos niedergestreckt.
Wenn er seine Situation
schon nicht kurzfristig verbessern kann und weiß,
daß nur die Zeit ihm helfen wird,
hat er zumindest die Möglichkeit,
sie nicht noch zu verschlimmern –
durch Versinken in Selbstmitleid,
sinnloses Klagen oder zerstörerisches Verhalten
sich selbst und anderen gegenüber.

So offenbart sich seine Lebenskunst
nicht durch sein Handeln,
sondern durch sein Unterlassen.

Dem Unmut das Wasser abgraben

Heute war ein schwieriger Tag,
der viel von mir gefordert
und mir wenig gegeben hat.
Ich hätte Grund genug,
traurig und frustriert zu sein,
aber was würde es mir nützen?
Der Tag hätte noch viel schwieriger sein können,
und ich sollte mich darüber freuen,
daß er es nicht war.

Und wenn ich mich nicht freuen kann,
will ich wenigstens meine stummen Klagen
im Sand verlaufen lassen
und meinem Unmut das Wasser abgraben,
damit sich zumindest
eine gewisse Gelassenheit einstellt –
und mit ihr vielleicht doch noch
eine kleine Freude darüber,
daß es mir gelungen ist,
einen schweren Tag
mit einem leichten Gefühl zu verabschieden.

Das Schiff meines Lebens
ist den Winden des Schicksals ausgeliefert,
aber wie ich das Steuer führe,
liegt in meinen Händen.

Biegsam sein

Dem Leben ist
im Guten wie im Schlechten
alles zuzutrauen.

Deshalb muß ich mir eine biegsame Haltung
gegenüber dem Dasein zu eigen machen,
dem Vorbild des Bambus folgend,
der im wilden Sturm
nicht bricht oder entwurzelt wird,
weil er sich seinen Kräften beugt.

Wie der Bambus
will ich mich den Stürmen
meines Schicksals beugen,
um nicht durch Starrheit gebrochen
oder durch Unbeweglichkeit entwurzelt zu werden.

Ist das Unwetter ausgestanden,
werde ich wieder
zu meiner aufrechten Haltung zurückfinden.

Ein notwendiges Überlebensmittel

Ich kenne den Wert des Geldes,
aber überschätze seine Bedeutung nicht.
Ich habe Menschen getroffen,
die wenig Geld besaßen,
aber Glück und Lebensfreude ausstrahlten;
und ich bin Menschen begegnet,
die unglücklich und freudlos wirkten,
obwohl sie vermögend waren.
Ich betrachte das Geld
als ein notwendiges Überlebensmittel,
auf dessen Erwerb ich einen angemessenen Teil
meiner Zeit und Kraft verwende,
aber ich würde das Streben nach Reichtum
nie als einen Weg
zu einem besseren Leben betrachten,
denn die wertvollsten Schätze des Lebens
wie Liebe und Freundschaft,
Freude und Glück sind nicht käuflich.
Ich sehne mich nicht
nach einem luxuriösen Lebensstil,
denn ich weiß, daß ein prunklos geführtes Leben
ebenso glücklich sein kann, wenn nicht glücklicher,
da es mir viel Zeit und Kraft läßt –
und damit die Basis der Erlebnismöglichkeiten,
die mir die Führung
einer aufwendigen Lebensart entziehen würde.

Das Gesetz des Wandels

Es gibt Zeiten,
in denen ich mich müde,
kraftlos und uninspiriert fühle –
Stunden, in denen ich
an meinen besten Fähigkeiten
und Möglichkeiten zweifle
und vergeblich in meinem Herzen
nach Lebensfreude suche.

Doch ich weiß aus Erfahrung,
daß solche Phasen vergehen,
und dieses Wissen hilft mir nicht nur,
sie zu ertragen, sondern auch ihre Leere
mit der Vorfreude auf bessere Zeiten zu füllen,
die mit Sicherheit kommen werden –
wie der Sonnenschein nach dem Regen,
dem Gesetz des ewigen Wandels folgend.

Und ich weiß auch,
daß die Phasen, in denen ich mich
von allen guten Geistern verlassen fühle,
notwendig sind, um die Zeiten,
in denen sie zu mir zurückkehren
und mich mit Licht und Freude füllen,
noch mehr zu schätzen und zu lieben.

Die Komik des Scheiterns

Manches entwickelt sich nicht so gut,
wie man es sich erhofft hat,
und man ist enttäuscht,
zu Tode betrübt und läßt schon
mit gen Süden gerichteten Mundwinkeln
das Wasser in die Badewanne des Selbstmitleids ein.

Doch aus einer gewissen Perspektive
hat selbst das Scheitern etwas Komisches.
Warum lachen wir über Clowns?
Weil ihnen alles mißlingt!

Sieht man sich selbst als einen Clown,
der über seine eigenen,
viel zu großen Schuhe beziehungsweise
Erwartungen oder Hoffnungen gestolpert ist,
und versucht mit Erfolg,
über sich selbst zu lachen,
wird man staunen,
wie befreiend und erleichternd
dieses Lachen sein kann.

Die leise Stimme der Seele

Es ist ein schwieriges,
wenn nicht sogar unmögliches Kunststück,
aus den guten und schlechten Erfahrungen zu lernen,
die man mit einem Menschen gemacht hat,
der einem ans Herz gewachsen war.

Bei einer Begegnung mit einem anderen Menschen,
der einem ans Herz wachsen könnte,
werden die Karten neu gemischt,
und es beginnt ein völlig neues Spiel.
Ein Spiel, bei dem die früheren Erfahrungen
oft nicht weiterhelfen
oder sogar hinderlich sein können,
weil die jetzige Konstellation
eine ganz andere ist
und völlig andere Verhaltensweisen erfordert.

Deshalb will ich immer darauf achten,
daß die laute Stimme der Erfahrung
die leise Stimme der Seele nicht übertönt,
die mir als einzige den richtigen Weg weisen kann.

Der Segen eines Lichtmenschen

In jedem von uns ist Licht und Schatten.

Bei manchen überwiegt das Licht,
bei anderen der Schatten.

Selten sind Menschen,
die so viel Licht in sich vereinigen,
daß ihre Schattenseiten kaum ins Gewicht fallen.

Wer das Herz eines solchen Menschen
gewonnen hat,
kann sich überglücklich schätzen,
denn er hat eine Seele gefunden,
in deren Licht er sich selbst entdecken
oder wiederfinden kann.

Die Sprache des Schweigens

Die Sprache des Schweigens
ist nicht reproduzierbar.
Worte können vervielfältigt werden;
das Schweigen ist immer einmalig, einzigartig.

Es kann schön sein wie ein Regenbogen
und flüchtig wie eine Seifenblase.
Es kann mehr bedeuten als alle Worte der Welt.
Es stellt keine Fragen,
es ist von Natur aus Antwort.

In einer redseligen Kultur wie der unseren
ist das gemeinsame Schweigen
eine ebenso unterschätzte
wie seltene Form der Kommunikation.
Der Austausch von Worten verhindert oft nur
den Austausch von Leben.
Das geteilte Schweigen fördert ihn.

Zwei Menschen,
die nicht miteinander schweigen können,
werden sich seelisch nie wirklich nahekommen.

Geben und Nehmen

Früher oder später
löse ich mich aus jeder Beziehung,
in der das Gleichgewicht
zwischen Geben und Nehmen
sich nicht einstellen will.
Ich lasse mich nicht in die Rolle dessen bringen,
der immer wieder schenkt,
ohne beschenkt zu werden.
Und ich will auch nicht derjenige sein,
der stets empfängt, ohne geben zu können.

Es gibt Menschen,
die bewußt oder unbewußt darauf abzielen,
andere in die Irre zu führen,
indem sie ihnen falsche Hoffnungen machen
oder trügerische Erwartungen erwecken.
Ich will solche Menschen rechtzeitig erkennen
und mich von ihnen distanzieren,
ehe sie mir zuviel genommen haben.

Ich weiß: Es gibt Menschen,
die meine seelische Schatzkammer
nicht zu plündern versuchen,
sondern dankbar jedes Geschenk erwidern,
das ich ihnen gebe.

Die Macht der Gedanken

Wie meine Gedanken
zu Worten werden,
entstehen aus meinen Worten
Handlungen.

Meine Handlungen
haben die Neigung,
Gewohnheiten zu werden.

Meine Gewohnheiten
prägen meinen Charakter.

Und mein Charakter
beeinflußt mein Schicksal.

Also muß ich
meine Gedanken sorgfältig prüfen,
bevor sie zu Worten werden.

Ein zweischneidiges Schwert

Die Angst ist ein zweischneidiges Schwert.
Sie kann mich vor Verletzungen
und Verlusten schützen,
aber auch schöne Erfahrungen
und Gewinne verhindern.

Deshalb muß ich sie manchmal überwinden,
muß gegen meine Angst handeln,
um meine Möglichkeiten ganz auszuschöpfen.

Denn wer in Angst erstarrt,
verweigert sich dem Leben.
Und wer trotz seiner Angst etwas wagt,
wer sich etwas zutraut,
hat die Chance,
daß sein Mut belohnt wird.

Auch wenn ich bereits zehn Chancen verpaßt habe:
Ich werde die elfte nutzen –
und mich nicht wieder
von meinen Zweifeln lähmen lassen.

Rat der Seele

Meine Seele fragt mich:
»Was gibt dir Kraft?«
Und ich antworte:
»Die Freude, die Liebe, die Begeisterung.«

Meine Seele fragt mich:
»Was nimmt dir Kraft?«
Und ich antworte:
»Der Mißmut, die Enttäuschung, die Resignation.«

Und meine Seele sagt:
»Also lasse dich von Freude erfüllen,
von Liebe inspirieren
und von Begeisterung beflügeln.
Und verwehre dem Mißmut,
der Enttäuschung und der Resignation
den Zugang zu mir,
soweit es dir möglich ist.«

Der Fluß des Seins

Ständige Bewegung
ist das Wesen des Lebens.

Wenn ich versuche,
ihm Beständigkeit zu verleihen,
kämpfe ich gegen seine Natur
und werde immer aufs neue besiegt.

Also folge ich dem Fluß des Seins
und vertraue mich
seinen unberechenbaren Strömungen an,
denn nur so kann ich lebendig und offen
für jede Veränderung und Inspiration sein,
die das Schicksal für mich bereithält.

Jeder Tag kann eine Überraschung bringen,
die mein Leben verwandelt und erneuert.

Das Tor zum Glück

Das Tor zum Glück

Daß so manches Gute
zwischen den Menschen nicht geschieht,
liegt oft einfach nur daran,
daß sie es nicht geschehen lassen.
Sie halten die Türen des Vertrauens
und der Liebe verschlossen,
weil sie aufgrund entsprechender Erfahrungen
Angst davor haben,
daß ihnen etwas Schlechtes geschehen könnte,
wenn sie sich öffnen würden.
Doch gerade diese Angst,
die Angst vor dem Geschehenlassen,
verhindert,
daß etwas Gutes entstehen kann –
die Angst davor, sich dem Augenblick
und dem anderen mit Leib und Seele anzuvertrauen.

Ich lasse mich von dieser Angst
nicht um die Möglichkeiten betrügen,
Wunderbares zu erleben.

Ich verdränge meine schlechten Erfahrungen nicht,
aber ich lasse mich von ihnen nicht
vom Tor des Glücks verdrängen.

Das Glück hegen und pflegen

Eine wesentliche Voraussetzung
für das Erleben von Glück ist innere Freiheit –
nicht nur die Freiheit von bedrückenden Zwängen
und dominierenden Menschen,
sondern auch die Freiheit von negativen Gefühlen.

Ich will keine unguten Gefühle
die Kontrolle über mein Herz gewinnen lassen.
Sie würden, wenn ich ihnen folgte,
nicht nur anderen,
sondern auch mir selbst schaden –
und mich von meiner Suche
nach dem Glück abbringen.

Wenn ich das Glück entdecke,
darf ich nie vergessen,
daß es wie eine anspruchsvolle Pflanze
gehegt und gepflegt werden muß,
damit ich es nicht
ebenso unverhofft wieder verliere,
wie ich es gefunden habe.

Wenn ich anfange,
mein Glück für selbstverständlich zu halten,
habe ich es schon so gut wie verloren.

Die Sehnsucht nicht aufgeben

Ich suche das Glück nicht auf den Wegen,
die von der Mehrheit begangen werden.
Wären es die richtigen Wege,
müßten die meisten Menschen glücklich sein.
Sie wirken aber nicht so.

Ich finde das Glück nur auf meinem eigenen Weg.
Als Reiseproviant brauche ich
eine gute Portion Mut,
Glauben an mich selbst und an das Leben –
und dazu die simple Einsicht,
daß jeder Mensch einen einzigartigen Lebensweg hat
und niemand in die Fußstapfen
eines anderen treten kann,
ohne sich seelisch zu verleugnen.

Ich will meinem Schicksal vertrauen
und an das Wunder der Liebe glauben,
das Träumen nicht verlernen,
die Hoffnung nicht verlieren
und meine Sehnsucht nicht der Erfahrung opfern.
Denn wenn ich meine Sehnsucht aufgebe,
schränke ich meine seelische Sehkraft ein
und werde unfähig,
das Glück zu erkennen,
wenn es mir begegnet.

Das wunschlos machende Glück

Niemand ist perfekt, doch es gibt Perfektion.

Ich kann Vollkommenheit erleben –
in Augenblicken wunschlosen Glücks,
im harmonischen Zusammensein
mit einem liebevollen Menschen,
beim Hören eines wunderbaren Musikstücks,
im Bann der Schönheit einer grandiosen Landschaft.

Die Möglichkeit, Vollkommenheit zu erleben,
gehört zu den wertvollsten Geschenken,
die das Leben für mich bereithält.
Ich will keine Gelegenheit versäumen,
mich in dieser Weise beschenken zu lassen,
und werde ohne Zögern
das wunschlos machende Glück einlassen,
wenn es an meine Tür klopft.
Ich werde die wichtigste Arbeit unterbrechen,
alles stehen- und liegenlassen,
um ihm sofort zu öffnen und es zu empfangen,
als hätte ich mein Leben lang
auf sein Kommen gewartet.

Denn es kommt nicht oft
und wartet nicht lange,
wenn es nicht wahrgenommen wird.

Das Leben feiern

Ich möchte keine Gelegenheit versäumen,
das Leben zu feiern,
denn es wurde mir nicht zuletzt deshalb geschenkt,
damit ich ihm seine schönsten Seiten abgewinne.

Natürlich kommen immer wieder Tage,
an denen mir nicht nach Feiern zumute ist.

Aber es gibt auch Tage,
die erfreuliche Überraschungen bringen,
unverhofftes Entzücken, kostbare Augenblicke,
die mein Lebensgefühl in herrliche Höhen tragen.
Solche Tage will ich zelebrieren und genießen.

Das Leben feiern heißt einfach,
sein Herz zu öffnen
und die guten Zeiten liebevoll zu umarmen.
Es ist die Kunst,
schöne Stunden noch schöner werden zu lassen.

Keine Lebenskunst ohne Lebensgenuß

Ich suche meinen Weg –
und oft finde ich ihn mit intuitiver Sicherheit.
Ich habe eine Art Kompaß in meiner Seele,
der mich zu den schönsten Stellen des Lebens führt.
Ich genieße die kleinen und großen
Glücksmomente des Tages,
aber ich genieße auch die Nacht und die Träume,
die der Schlaf mir bringt.
Genuß ist für mich die intensive Wahrnehmung
und Aufnahme aller Geschenke,
die mir gegeben werden.

Ich will an keiner Gelegenheit vorbeigehen,
das Leben zu genießen.
Es ist voller Schönheit,
voller verborgener Freuden und Wohltaten,
die nur darauf warten, entdeckt zu werden.

So egoistisch der Genuß auch erscheinen mag –
er hat etwas ausgesprochen Gemeinnütziges,
denn der Genießer strahlt ein Behagen aus,
das sich auf alle Menschen übertragen kann,
die es wahrnehmen.
Seine Nähe ist angenehm,
seine Ausstrahlung kann eine Wohltat sein.

Angstfrei balancieren

Das Schicksal behandelt nicht alle Menschen gleich,
doch es schlägt jeden von uns öfter als nur einmal.
Und seine Hiebe sind schmerzhaft und bitter.

Gegen Schicksalsschläge bin ich wehrlos,
aber es liegt an mir,
wie ich mit ihren Folgen umgehe:
ob ich sie bis an mein Lebensende
mit mir trage wie unsichtbare Lasten,
oder ob ich versuche, sie zu überwinden –
und durch ihre Überwindung
seelisch stärker zu werden.

Vergessen werde ich sie nicht können,
die Unglücksfälle, Enttäuschungen und Katastrophen,
aber ich kann dafür sorgen,
daß ich sie nicht länger als nötig
auf mich einwirken lasse –
damit sie schließlich nur noch Erinnerungen sind,
die keinen Einfluß mehr auf meine Gegenwart haben.

Denn das Glück kann ich nur mit offener,
vertrauensvoller Seele finden.
Dazu muß ich auf dem Seil eines jeden neuen Tages
so angstfrei balancieren,
als wäre ich nie abgestürzt.

Die Momente des Findens

Das Leben kann sehr schön sein.
Es hat mir Glück zu geben,
Freude, Genuß und Harmonie.
Es bietet mir die Natur
und die schönen Künste,
die Liebe und die Freundschaft.
Es schenkt mir magische Momente
wunschlosen Glücks,
in denen die Sehnsucht gestillt ist
und die Seele beseligt.

Allein schon für die Entdeckung dieser Schätze
lohnt es sich zu leben,
auch wenn die Suche manchmal
viel Geduld und Gelassenheit erfordert –
doch die Momente des Findens
lassen mich alle Mühen
und Entbehrungen der Suche vergessen.

Wahrer Luxus

Ich will mit leichtem Gepäck
durch die Jahre reisen,
nichts Überflüssiges mit mir tragen
und mich auf das Notwendigste beschränken.
Je weniger seelischen, geistigen
und emotionalen Ballast ich mit mir führe,
desto leichter ist mein Schritt,
desto freier ist mein Empfinden,
desto wesentlicher ist mein Denken.

Also will ich mich nicht mit Dingen belasten,
die ich nicht wirklich brauche,
will mich nicht an Besitztümer binden,
deren Pflege mich wertvolle Zeit und Kraft kostet.

Wahrer Luxus ist die Freiheit,
offen und spontan auf die Geschenke,
Zeichen und Herausforderungen
des Daseins zu reagieren.

Dazu brauche ich Leichtigkeit –
eines der wesentlichen Elemente der Lebenskunst.

Die Bedeutung der Sensibilität

Ich will die vergeudeten Stunden,
die grauen Tage und schwierigen Wochen vergessen.
Sie sind Schnee von gestern.

Im Heute befindet sich die Tür zum Glück.
Ich muß mir allerdings bewußt sein,
daß es oft eine Geheimtür ist,
die ich auf den ersten Blick nicht erkennen kann.

Darum will ich immer möglichst tief
in den Augenblick schauen,
denn manches Schöne und Wertvolle
versteckt sich gern,
entzieht sich oberflächlicher Wahrnehmung.

Tiefsinnigkeit ist ein sehr hoher Lebenswert.
Sie entwickelt sich am besten in der Muße,
in einem Klima innerer Ruhe und äußerer Freiheit.
Zu große Zwänge und Anforderungen
gefährden und sabotieren sie.

Deshalb bemühe ich mich,
mein Leben so zu gestalten,
daß es dem tiefen Sinn immer
genügend Raum zur Entfaltung läßt.

Der Planer und der Spieler

Es gibt zwei Arten von Menschen:
den Planer und den Spieler.

Der Planer hat feste Vorstellungen
vom zukünftigen Verlauf seines Lebens
und arbeitet unermüdlich an ihrer Verwirklichung.
Er versucht, sein Leben
seinen Vorstellungen von seinem Leben anzupassen.

Der Spieler läßt sich lieber überraschen,
auch von sich selbst.
Sein Weg durchs Leben ähnelt
dem unberechenbaren Flug des Schmetterlings,
der scheinbar den Launen des Augenblicks gehorcht.
Doch jeder seiner Schritte
nähert sich intuitiv einem höheren Sinn.
Manchmal berührt er ihn, verschmilzt mit ihm –
und wird von Glück erfüllt.

Er weiß,
daß er dieses Glücksgefühl wieder verlieren wird.

Aber könnte er es sonst zurückgewinnen?

Hilfreiches Schauspiel

»Pretend you're happy, when you're blue,
it isn't very hard to do«, singt Nat King Cole.

Was auf den ersten Blick
wie eine Aufforderung zum Selbstbetrug aussieht,
erweist sich bei näherer Betrachtung als guter Rat –
denn so zu tun, als sei man glücklich,
wenn man traurig ist,
kann der Traurigkeit ihre Kraft entziehen,
weil sie sich nicht ernst genommen fühlt.
Und so kann aus dem gespielten Glücklichsein
durchaus ein echtes werden.

Jeder Schauspieler weiß:
Wenn er sich intensiv genug
mit seiner Rolle identifiziert,
werden seine vorgetäuschten
schließlich zu wirklichen Gefühlen – einfach nur,
weil er sich mit Leib und Seele entschlossen hat,
sie auszudrücken.

Deshalb verhalte ich mich manchmal
wie ein Schauspieler, der sein eigenes Publikum ist.
Auch wenn diese Methode
auf den ersten Blick fragwürdig erscheinen mag –
nicht umsonst heißt es: Wer heilt, hat recht.

Sich in Gelassenheit üben

Das Glück mag den Gelassenen,
der erkannt hat,
daß so manches Gute und Wertvolle
seine Zeit zur Entfaltung braucht
und sich nicht erzwingen läßt.

Also übe ich mich in Gelassenheit –
eine Haltung,
die mir in vielen Lebenslagen
zum Vorteil gereicht.

Sie wurzelt in der Einsicht,
daß alles Schlechte,
was geschehen ist,
nicht mehr zu ändern ist –
und in der Hoffnung,
daß alles Gute,
was nicht geschehen ist,
noch geschehen kann.

Wer Glück erleben will

Für viele besteht die Liebe vor allem darin,
geliebt zu werden.
Selbst zu lieben, macht ihnen angst,
ist ihnen zu gefährlich.
Selbst zu lieben bedeutet,
sich der Möglichkeit auszuliefern,
belogen und betrogen,
gedemütigt und verletzt zu werden,
denn die Gefühle des anderen
sind noch weniger berechenbar als die eigenen.
Da ist es klüger,
man läßt sich lieben und bleibt selbst
emotional auf Sicherheitsabstand.

So argumentiert die Angst vor dem Leben
und überzeugt damit viele Menschen.

Wer wirkliches Glück erleben will,
darf keine Lebensangst haben:
er braucht Lebensmut, Liebesmut.

Wie man durchs Leben geht

Glück ist keine Folge des materiellen,
sondern des seelischen Reichtums.

Vermögende Menschen fühlen sich
manchmal unglücklicher
als bescheiden lebende Zeitgenossen,
weil die Schattenseiten ihres Reichtums
schwer auf ihren Seelen lasten.

Das ist nicht verwunderlich,
denn wer nicht viel besitzt,
hat nicht viel zu verlieren.

Er ist sorgenfrei.

Sein Schritt ist leicht und zeigt,
daß es wichtiger ist,
wie man durchs Leben geht,
als welche Kleidung man dabei trägt.

Das Erleben der Schönheit

Wie armselig wäre das Leben ohne die Schönheit,
die nicht nur das Auge entzückt,
sondern auch die Seele:
die Schönheit eines Gesichtes, einer Landschaft –
die Schönheit eines Gedichtes,
Gemäldes oder Musikstücks.
Das Erleben der Schönheit ist mehr als nur Trost,
mehr als nur Entschädigung
für all das Häßliche in der Welt;
es befreit mich von den Fesseln des Alltäglichen
und öffnet meine Sinne und meine Seele
für das Wundervolle.
In welcher Form auch immer sie mir begegnet –
Schönheit beglückt mich
und stärkt meine Liebe zum Leben.

Eine verläßliche Quelle der Schönheit
finde ich immer in der Musik.
Sie führt mich spielerisch
in die Mitte meines Herzens,
wo ich die Lebensfreude finde, nach der ich suche.
Schöne Musik entspannt meinen Geist,
weckt meine besten Gefühle, beflügelt meine Seele.
Ich öffne mich ihr, gebe mich ihrer Magie hin –
und werde eins mit ihrer Pracht,
ihrer Harmonie, ihrer befreienden Kraft.

Sich über die kleinen Dinge freuen

Ich will mein Leben nicht mit Nebensächlichkeiten
und sinnlosem Warten vertun,
sondern mich auf das Wesentliche konzentrieren
und in Bewegung bleiben,
auch wenn ich von Zeit zu Zeit
auf Hindernisse treffe,
die mich aufhalten oder lähmen.
Solche Zeiten des Stillstandes
sind zumeist unwillkommen,
aber nicht sinnlos, denn in ihnen
kann ich wichtige Erkenntnisse gewinnen
und Kraft schöpfen für meinen weiteren Weg.

Wenn ich in den großen Dingen meines Lebens
behindert oder aufgehalten werde,
will ich mich nicht
der Traurigkeit oder dem Ärger überlassen,
sondern mich über die kleinen Dinge freuen:
das Lächeln, das mir jemand auf der Straße schenkt;
den Schmetterling, der an mir vorbeiflattert;
das Kind, das mir scheinbar grundlos zuwinkt;
die Katze, die mir über den Weg läuft
und sich von mir streicheln läßt.

Kleine Freuden, die einer großen Freude
wertvolle Nahrung geben: der Lebensfreude.

Der Sehnsucht vertrauen

Meine Sehnsucht nach dem Glück
ist ein guter Wegweiser.
Sie führt mich zu dem, was meine Seele braucht.
Deshalb habe ich keine Angst vor meiner Sehnsucht,
sondern schenke ihr mein Vertrauen,
auch wenn sie mich auf Wege führt,
die mein Verstand mit Skepsis betrachtet.
Wenn ich meiner Sehnsucht
nach dem Glück nicht vertraue,
vertraue ich meiner eigenen Seele nicht –
der Quelle meiner Glückssehnsucht.

Ich will das Haus meines Lebens so einrichten,
daß das Glück mich immer gern besucht,
denn ein glückloses Leben ist ein dürftiges Leben.

Aber ich darf nie das Vergnügen
mit dem Glück verwechseln.
Das Vergnügen ist oberflächlich und käuflich.
Das Glück ist tief und überwältigend –
und für kein Geld der Welt zu haben.
Es ergreift mein ganzes Wesen,
durchdringt es mit Wärme und Licht
und hebt mich auf eine höhere Seinsebene.
Es erfüllt mein Leben mit Lebendigkeit
und meine Seele mit Seligkeit.

Sich immer offenhalten

Ich will mich immer offenhalten für das Glück,
die Liebe und die Freundschaft –
und das Leben stets mit Augen betrachten,
die Schönheit zu entdecken wissen.

Ich will die Freude genießen,
aber auch der Traurigkeit lauschen,
wenn sie mir etwas Wichtiges sagen will.

Ich möchte mir die Zeit nehmen,
alle Aufgaben zu erfüllen,
die das Schicksal mir ans Herz gelegt hat,
und nie vergessen,
daß jedes Glück, das ich erlebe,
meine Dankbarkeit zu seiner Entfaltung braucht,
meine Wertschätzung, meine Liebe zu ihm.

Ich will es behandeln wie einen Gast,
von dem ich mir wünsche,
daß er niemals mehr geht.

Der Autor

Hans Kruppa ist einer der meistgelesenen deutschen Dichter und Erzähler.
Er lebt als freier Schriftsteller in Bremen. Seine Gedichte und Märchen, Erzählungen und Romane, Aphorismen und Kurzgeschichten hat er in mehr als achtzig Büchern mit einer Gesamtauflage von über zwei Millionen veröffentlicht. Einige seiner Bücher wurden in andere Sprachen übersetzt.
Für sein literarisches Schaffen wurde Hans Kruppa mit dem New Yorker Otto-Mainzer-Preis ausgezeichnet.

»Mit Hans Kruppa stellt sich
Phantasie und Leichtigkeit ein.«
Die Zeit

»Er ist auf seine Art ein Lebenskünstler.«
Weser-Kurier

»Er vermittelt durch seine Arbeiten
Hoffnung, Lebensbewältigung, Kraft.
Und das macht ihn so wichtig.«
Passauer Neue Presse

Eine Auswahl seiner Bücher

Nur für Dich. Gedichte. 1983
Das Zauberbuch. Ein Märchen. 1987
Kaito. Ein Märchenroman. 1988
In Deiner Nähe. Liebesgedichte. 1991
Die Legende von Tay Manka. 1993
Der Wunschkristall. Ein Märchen. 1998
Amanda und das Zauberbuch. Ein Märchen. 1999
Nur Du. Liebesgedichte. 2000
Für immer Du. Liebesgedichte. 2001
Zauber der Seele. Gedichte. 2002
Umarme die Liebe. Gedichte. 2003
Der Kuß des Schmetterlings. Roman. 2004
Das Goldene Buch der Liebe. 2004
Lieder des Herzens. Liebesgedichte. 2005
Der gefundene Schatz. Märchen. 2005
Das Herz eines Engels. Märchen. 2005

Mehr Informationen über den Autor:
www.hans-kruppa.de